JOGOS DE REDE E RAQUETE

Instituto Phorte Educação
Phorte Editora

Diretor-Presidente
Fabio Mazzonetto

Diretora Financeira
Vânia M. V. Mazzonetto

Editor-Executivo
Fabio Mazzonetto

Diretora Administrativa
Elizabeth Toscanelli

Conselho Editorial
Francisco Navarro
José Irineu Gorla
Marcos Neira
Neli Garcia
Reury Frank Bacurau
Roberto Simão

Klaus Roth
Christian Kröger
Daniel Memmert

JOGOS DE REDE E RAQUETE

Tradução:
Prof. Dr. Pablo Juan Greco e Prof.ª Dr.ª Mariana Calábria Lopes

São Paulo, 2017

Título do original em alemão:
Ballschule Rückschlagspiele
Copyright © 2002 by Hofmann-Verlag, 73614 Schorndorf
Jogos de rede e raquete
Copyright © 2017 by Phorte Editora

Rua Rui Barbosa, 408
Bela Vista – São Paulo – SP
CEP 01326-010
Tel/fax: (11) 3141-1033
Site: www.phorte.com.br
E-mail: phorte@phorte.com.br

Nenhuma parte deste livro pode ser reproduzida ou transmitida de qualquer forma, sem autorização prévia por escrito da Phorte Editora Ltda.

CIP-BRASIL. CATALOGAÇÃO NA PUBLICAÇÃO
SINDICATO NACIONAL DOS EDITORES DE LIVROS, RJ

R754j

    Roth, Klaus
      Jogos de rede e raquete / Klaus Roth, Christian Kröger, Daniel Memmert ; tradução Pablo Juan Greco, Mariana Calábria Lopes. - 1. ed. - São Paulo : Phorte, 2017.
      184 p. : il. ; 21 cm.   (Escola da Bola, 3)

    Tradução de: Ballschule Rückschlagspiele
    Inclui bibliografia
    ISBN 978-85-7655-610-7 / 978-85-7655-603-9 (coleção)

    1. Esportes. I. Kröger, Christian. II. Memmert, Daniel. III. Greco, Pablo Juan. IV. Lopes, Mariana Calábria. V. Título. VI. Série.

16-32841   CDD: 796.50981
                                                        CDU: 796.5(81)

ph2368.1

Este livro foi avaliado e aprovado pelo Conselho Editorial da Phorte Editora.

Impresso no Brasil
Printed in Brazil

SUMÁRIO

Capítulo 1	"Do ABC para iniciantes nos jogos..."	9

Introdução 10
Modelo de Aprendizagem Implícita por meio do Jogo (MAIJ)...... 14
    Estrutura e construção... 14
    Sistematização dos jogos esportivos....................................... 15
    Objetivos e conteúdos dos níveis gerais progressivos 20
    Elementos táticos 22
    Elementos coordenativos 24
    Elementos das habilidades técnicas 25
    Filosofia metodológica básica
    dos níveis gerais progressivos 28
    Primeira regra: "Do geral para o específico"........................ 30
    Segunda regra: "Do jogar para o jogar e exercitar"............... 34
    Terceira regra: "Da aprendizagem implícita para
    a aprendizagem explícita"... 39
Resumo 45

| **Capítulo 2** | **"... para ser hábil com as mãos e com a raquete"** | **47** |

Introdução 48
Conceitos na área de jogos de rede e raquete 50
    Definições e divisões 50
    Objetivos e conteúdos 51
    Sequência de regras metodológicas básicas 55
Escola da Bola para jogos de rede e raquete: objetivos,
conteúdos e método 57
    Jogos de rede e raquete orientados
    para as situações de jogo: elementos táticos 58
    Jogos de rede e raquete orientados
    para as capacidades: elementos coordenativos 62
    Jogos de rede e raquete orientados
    para as habilidades: elementos técnicos 65
Resumo 67

| **Capítulo 3** | **Jogos de rede e raquete orientados para as situações de jogo** | **69** |

Introdução 70
Simbologia dos desenhos e formas de apresentação 73
Coleção de jogos 76
    Criar superioridade numérica 76
    Jogar coletivamente 84
    Acertar o alvo 90
    Transportar a bola para o objetivo 95
    Reconhecer espaços 97

| **Capítulo 4** | **Jogos de rede e raquete orientados para as capacidades** | **105** |

Introdução 106
Simbologia dos desenhos e formas de apresentação 107
Coleção de exercícios 109
    Pressão de precisão 109

Pressão de complexidade 114
Pressão de organização 119
Pressão de variabilidade 124
Pressão de tempo 129
Pressão de carga 132

Capítulo 5 — Jogos de rede e raquete orientados para as habilidades — 135

Introdução 136
Coleção de exercícios 137
    Determinar o momento da rebatida 137
    Determinar o percurso e o tempo da bola 141
    Controle dos ângulos 144
    Controle da força 148
    Estar preparado 152
    Manter os olhos na bola 156
    Antecipar a direção e a distância do passe 160
    Observar os deslocamentos 164
    Antecipar a posição defensiva 166

Anexos — 167

Escola da Bola de Heidelberg: a Instituição 168
Materiais para rebater 170
Referências 172
Agradecimentos 180

CAPÍTULO 1

Klaus Roth
"Do ABC para iniciantes nos jogos..."
Introdução
Modelo de Aprendizagem Implícita por meio do Jogo (MAIJ)

Estrutura e construção
Sistematização dos Jogos Esportivos
Objetivos e conteúdos dos níveis gerais progressivos

　Elementos táticos
　Elementos coordenativos
　Elementos das habilidades técnicas

Filosofia metodológica básica dos níveis gerais progressivos

　Primeira regra: "Do geral para o específico"
　Segunda regra: "Do jogar para o jogar e exercitar"
　Terceira regra: "Da aprendizagem implícita para a aprendizagem explícita

Resumo

Introdução

"As modalidades esportivas têm sentido na própria pele as influências da decisão judicial do caso Bosman. Nos Jogos Olímpicos, a Alemanha teve o terceiro nível de rendimento. Em Sidney, no ano 2000, participaram somente cinco equipes de esportes coletivos. A única medalha foi um terceiro lugar para a equipe de futebol feminino. Seguiram-se o 5° lugar para o hóquei e o handebol masculino, o 6° lugar para o vôlei e o 7° lugar para o hóquei feminino. O que resulta numa grande decepção é que pela segunda vez consecutiva a equipe de basquete não participa dos Jogos Olímpicos. Também no polo aquático, tanto a equipe masculina quanto a feminina não se qualificaram. A Alemanha também não participou do torneio de softbol" (Declaração do Secretário Nacional de Esportes Manfred von Richthofen, no Parlamento Alemão, em 9 de maio de 2001).

Os esportes coletivos na Alemanha encontram-se – conforme uma rara concordância desde os círculos de peritos até as mesas de bar – em uma situação crítica. Em um levantamento realizado após o Campeonato Europeu de Futebol no ano 2000, metade dos entrevistados apontavam reconhecer uma relação direta entre a fraca atuação da seleção nacional e a queda no rendimento e nos resultados do futebol alemão, em um sinal de que "a Alemanha vem sendo cada vez mais frágil e perdendo posições nos escalões de medalhas".

Mesmo quando o Presidente da Federação de Esportes da Alemanha, no seu "preocupante balanço dos Jogos Olímpicos", parece esquecer a medalha de prata de Tommy Haas e as de bronze de Jörg Ahmann e Axel Hager, o comentário também é válido – e não são poucos os que vão falar sobre isso – para as áreas dos esportes de rede e raquete. No tênis, o brilho de compor o clube dos "dez melhores", como fizeram Becker, Graf e Stich, parece estar ameaçado de morte. No voleibol, no vôlei de praia, no *badminton* ou no *squash*, talentos excepcionais não apareceram; nada se vê. Ao nível internacional, somos "jogados para escanteio" (*Zeitmagazin*, 9 jul. 1998), pois os grandes títulos são muito difíceis de serem alcançados por nossos atletas e equipes.

As discussões e as reclamações em torno dessa problemática podem ser, por um lado, muito pessimistas e exageradas. Às vezes, temos a sensação de que há – especialmente em relação à equipe

Introdução

A cultura de jogar na rua = Escola da Bola natural

nacional de futebol – uma espécie de histeria nacional em massa. Por outro lado, tem-se a impressão de que um determinado problema de formação de atletas na área dos esportes coletivos não pode ser totalmente evitado. Kröger e Roth (1999, p. 8-10, ver também tabela de Schmidt, 2002) relacionam no livro *Escola da Bola* os *deficit* que podem ser observados – principalmente na área de jogos táticos e da técnica – com a mudança do estilo de vida de crianças e adolescentes, especialmente o desaparecimento da cultura de "jogar na rua". Enquanto, no passado, a criatividade tática e a técnica eram desenvolvidas na rua por meio do simples ato de jogar com os outros nos jogos de rua e nos pátios, hoje existem poucos espaços ou parques para jogar – e na escola, inclusive, esses espaços estão sendo reduzidos.

> Nós recebemos os jovens que a sociedade produz e eles são diferentes do que éramos quando crianças. Todos os dias jogávamos no espaço da escola, no pátio, até que o síndico nos mandava embora para casa. (Uli Hoeneβ, *Süddeutsche Zeitung*, 18 nov. 1995).

Em outros países e culturas (ainda) não é assim. As crianças de Camarões e da Nigéria, por exemplo, praticamente nascem com uma bola amarrada aos pés. Os jovens brasileiros jogam em todos os cantos, sendo que a bola é sua primeira paixão, seu primeiro amor. De norte a sul no Brasil não é exigido dos jovens conhecimento sobre formações ou jogadas táticas ou, ainda, marcação de gols, mas é solicitado que eles tenham flexibilidade, intuição e, talvez, um pouco de egoísmo. O que prevalece é a norma: "Driblar e deixar driblar!".

Levar a "rua" para a escola e os clubes

Com esse pano de fundo, a metodologia de ensino dos jogos esportivos está sendo cada vez mais questionada em busca de respostas para as seguintes perguntas: Como será substituída a cultura de jogar na rua na Alemanha e na Europa? Como reagir metodologicamente a esse desafio? Uma vez que não se pode interferir nas mudanças, ou interferir muito pouco – o que as torna, praticamente, um caminho sem volta –, resta, então, quase como única via, um caminho na metodologia. Os jogos esportivos devem ser recuperados e promovidos na escola e nos clubes por meio de uma forma livre e variada de jogar. Isso não é fácil, sobretudo quando se observa ou se considera o fator tempo, pois, ao contrário dos dias de hoje, antigamente se jogava todos os dias na rua, por várias horas e de forma livre. Claro que não é coisa impossível de se conseguir, mas, como solução, o volume dessa atividade pode ser substituído pela qualidade no processo de aprendizagem. Qualidade em vez de quantidade!

Nesse sentido, a Escola da Bola Geral e para todos os esportes, proposta por Kröger e Roth (1999)*, pode ser considerada uma alternativa para a sistematização didático-metodológica de uma substituição à cultura de jogar na rua. O projeto de ensino integra, na mesma medida, o saber de professores peritos de ampla experiência e os conhecimentos atuais das ciências do movimento e do treinamento, suas teorias e resultados de pesquisas. O conceito de um ABC para os iniciantes está sendo desenvolvido desde 1998 em projetos de cooperação entre o Instituto de Ciências do Esporte da Universidade de Heidelberg, na Alemanha, as escolas de ensino fundamental e médio e os clubes locais. Sua eficácia tem sido comprovada na prática. Atualmente, cerca de 300 crianças, entre 5 e 8 anos, são divididas entre os denominados grupos de Escola da Bola de Heidelberg, que desenvolvem atividades em diferentes instalações esportivas. O caminho pedagógico e o avanço na qualidade do aprendizado de cada uma dessas crianças são registrados e avaliados regularmente. Uma pequena descrição sobre a experiência desenvolvida encontra-se nos Anexos, ao final deste livro.

* Traduzido para o português em 2002: KRÖGER, C.; ROTH, K. Escola da Bola: um ABC para iniciantes nos jogos esportivos. São Paulo: Phorte, 2002. (N.T.)

Para a aplicação do conceito de Escola da Bola nas aulas em escolas e clubes, é necessário indicar, também, um modelo adequado a essa proposta. Quais caminhos metodológicos podem ser sugeridos para o aprendizado por meio do ABC? Este livro, que aborda o ensino dos jogos com rede e raquete por meio da proposta da Escola da Bola, compõe a série "Ideias Práticas" (*Jogos de arremesso* é outra publicação da série). Por meio dele, procura-se dar uma resposta para a questão formulada anteriormente, com base na ideia de que a Escola da Bola é uma proposta integrativa. Ela se apoia no conceito de jogos "gerais", que servem de base, e também trabalha de forma parcialmente integrativa. Baseada nisso, a Escola da Bola propõe jogos direcionados e, finalmente, uma formação esportiva direcionada às modalidades. Assim, é estabelecido um modelo hierárquico com três fases para o desenvolvimento de talentos esportivos, o Modelo de Aprendizagem Implícita por meio do Jogo (MAIJ)*, descrito neste livro.

A direção do caminho metodológico: do generalista (*Allrounder*) ao especialista

* MSIL na sigla em alemão. (N.T.)

Capítulo 1:
o Modelo de Aprendizagem Implícita por meio do Jogo (MAIJ)

Capítulo 2:
Escola da Bola para jogos de rede e raquete

Capítulos 3 a 5:
**o plano de ensino-
-aprendizagem da escola da bola para jogos de rede e raquete**

Os Capítulos 1 e 2 descrevem os fundamentos teóricos da proposta da Escola da Bola. No Capítulo 1, é realizada a apresentação geral do MAIJ e, também, propõe-se uma organização para a Escola da Bola – jogos de rede e raquete. Para começar, três aspectos podem ser especificados de forma mais detalhada. O primeiro diz respeito à sistematização dos jogos esportivos no MAIJ, de acordo com a classificação internacional e nacional utilizada nos jogos esportivos coletivos. O segundo e terceiro aspectos estão relacionados com o conceito da proposta, o qual se reflete em todos os níveis da iniciação esportiva, de uma forma geral, e apresenta os mesmos objetivos, conteúdos e princípios metodológicos básicos. O motivo para a escolha dos objetivos e conteúdos pode ser mais bem compreendido com o livro *Escola da Bola* (Kröger e Roth, 1999). Assim, o ponto principal de argumentação para o modelo com níveis que se sobrepõem e concordam uns com os outros é a metodologia.

No Capítulo 2, a formação direcionada aos esportes é o foco central. Ele se inicia com uma curta explanação sobre as publicações realizadas até então a respeito de métodos de ensino de esportes. Na continuação, apresentam-se os objetivos concretos, os conteúdos e os métodos da Escola da Bola para jogos de rede e raquete. São apresentados em detalhe algumas modificações e aspectos a serem enfatizados em comparação com a Escola da Bola Geral. Esses resultam de uma combinação de reflexões plausíveis, experiências na prática e, particularmente, dos resultados de uma pesquisa com peritos em jogos esportivos.

Os Capítulos de 3 a 5 constituem, finalmente, a parte prática do livro, baseada nas concepções sugeridas na parte teórica, relacionadas com a aprendizagem implícita. Na Escola da Bola para jogos de rede e raquete – como no livro 1, *Escola da Bola*, Kröger e Roth (1999) –, o plano de trabalho é dividido e diferenciado em três grandes pilares, sendo dedicado a cada um deles um capítulo. Os capítulos são denominados: Jogos de rede e raquete orientados para as situações de jogo (Capítulo 3), Jogos de rede e raquete orientados para as capacidades (Capítulo 4) e Jogos de rede e raquete orientados para as habilidades (Capítulo 5).

Modelo de Aprendizagem Implícita por meio do Jogo (MAIJ)

Estrutura e construção
A Escola da Bola e a Escola da Bola para jogos de rede e raquete se ordenam em um conceito geral e comum a ambas: o Modelo de Aprendizagem Implícita por meio do Jogo (ou MAIJ). Na Figura 1.1, estão descritas a construção e a estrutura do processo de aprendizagem implícita. Nele há três níveis de formação. No primeiro nível está a proposta da Escola da Bola Geral, ou seja, a Escola da Bola de Kröger e Roth (1999). Esta apresenta a fundamentação para diferentes aproximações de especialização parcial que servem de base para uma formação integrativa na iniciação esportiva, bem como para a especialização nas modalidades esportivas que aparecem no terceiro nível. O livro *Jogos de rede e raquete* (na Figura 1.1, em cor cinza), da coleção Escola da Bola, constitui, somado aos textos que tratam de jogos de chute e de arremesso, um projeto de planos pedagógicos para o segundo nível do processo de iniciação esportiva, conforme a proposta de aprendizagem implícita.

O MAIJ:
específico do esporte
↑
direcionado aos esportes
↑
amplo e geral

A diferenciação entre ensino generalizado, ensino direcionado e ensino específico dos esportes não é recente (ver Schock, 1997; Adolph e Hönl, 1998). Esses conceitos estão na tradição que objetiva a busca de estruturas gerais dos esportes coletivos e sua utilização na metodologia com iniciantes. Da mesma forma, não é nova a divisão dos jogos esportivos, particularmente, a delimitação dos jogos de rede e raquete, jogos de chute e de arremesso, conforme representados no modelo, no segundo nível. Em seguida, procura-se explicar a sistemática da aprendizagem implícita do MAIJ.

Serão apresentadas algumas questões novas, em especial a relação direta entre os três níveis do processo e sua orientação para objetivos comuns e unitários, conteúdos e regras metodológicas. Com relação às generalidades que são comuns e ao estabelecimento de objetivos e conteúdos, na parte do capítulo intitulada "Objetivos e conteúdos" será realizada uma rápida explicação. Esta segue a ideia do processo de iniciação denominado "ABC" por Kröger e Roth (1999), que diferencia conteúdos direcionados a desenvolver jogos orientados para as situações de jogo (A), orientados para as capacidades (B) e orientados para as habilidades (C).

MAIJ: sistemática do esporte

MAIJ: objetivos e métodos

Modelo de Aprendizagem Implícita por meio do Jogo (MAIJ)

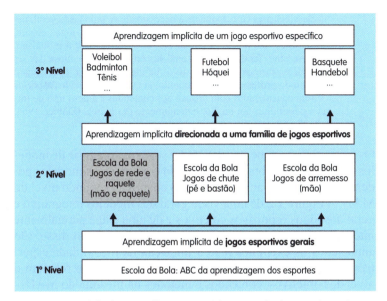

Figura 1.1: Modelo de Aprendizagem Impícita por meio do Jogo (MAIJ).

MAIJ:
filosofia básica

Com base no ponto central do MAIJ, constrói-se o conceito da "filosofia básica da metodologia dos níveis gerais de ensino-aprendizagem". No modelo são descritas três regras sequenciais importantes, que serão levadas em consideração, consequentemente, em todos os níveis de rendimento do modelo. A primeira regra, "do geral para o específico", caracteriza a formação dos jogos gerais, dos jogos direcionados e dos jogos específicos ou, conforme a Figura 1.1, o ponto vertical metodológico principal do MAIJ. A segunda e a terceira regra, "do jogar para o jogar e exercitar" e "da aprendizagem implícita para a explícita", estão relacionadas com a ênfase dentro de cada nível. Elas determinam, de forma figurada, a mudança metodológica horizontal. Em todo o modelo é priorizado o aprendizado tático e o acúmulo de experiências implícitas, das quais a denominação "Modelo de Aprendizagem Implícita por meio do Jogo (MAIJ)" é derivada.

Sistematização dos jogos esportivos

Döbler (1964) foi o primeiro alemão a destacar de forma clara as semelhanças e as generalidades comuns das estruturas dos jogos esportivos coletivos. Em seu trabalho, ele se refere às vantagens de poder observar essa sistematização no processo de ensino:

As classificações correspondem à necessidade de uma visão geral; necessidade presente na amplamente ramificada área dos jogos. Assim, as classificações possuem um caráter construtivo para a pesquisa e para o ensino, facilitando uma análise comparativa e valiosa das semelhanças entre os jogos esportivos da mesma família. Isso ajuda o trabalho do professor e o treinamento, já que são oferecidos aspectos a serem considerados com relação aos conteúdos e à pesquisa, de forma a possibilitar um melhor entendimento desta área. (Döbler, 1964, p. 217).

Os primeiros pensamentos de Döbler seguem uma série de modelos de estruturas e conceitos. Segundo o autor, esses modelos podem ser ordenados tanto no primeiro quanto no segundo nível do MAIJ. A Figura 1.2 dá uma visão geral dos modelos integrativo e geral dos jogos esportivos coletivos e de uma etapa parcialmente integrativa na concepção dos jogos esportivos. Além disso, são anunciados os exemplos para a iniciação na modalidade esportiva específica, ou a *"vida dos jogos com bola"*, que refletem o nível dos objetivos, conteúdos e métodos da filosofia do MAIJ.

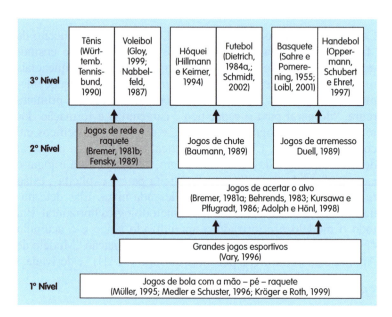

Figura 1.2: Modelo integrativo, parcialmente integrativo e específico para o ensino-aprendizagem com iniciantes.

Primeiro nível: modelos gerais de ensino-aprendizagem dos jogos

A Figura 1.2 registra que, para o primeiro nível do modelo, ou seja, para a área dos modelos ou procedimentos dos jogos gerais, até hoje têm sido produzidas ou apresentadas poucas iniciativas ou pesquisas. Acerca dos motivos pelos quais isso aconteceu, podemos formular algumas especulações. Provavelmente, para os pesquisadores na área dos esportes, o grau de parentesco de todos os jogos esportivos apresenta-se como muito fraco ou muito abrangente. No MAIJ, esse ponto de vista não é compartilhado. Os conjuntos de semelhanças no que diz respeito ao conteúdo e à metodologia dos jogos esportivos são mais considerados no sentido como Wittgenstein (1960) os interpreta, ou seja, não é necessário que todas as características sejam idênticas para que seja possível a aplicação de uma metodologia de ensino comum para os jogos esportivos coletivos. Crianças e seus pais não possuem características idênticas – como, por exemplo, a altura, a forma do rosto, a cor dos olhos, o temperamento ou a motivação –, e, mesmo assim, eles pertencem à mesma família (Willimczik, 1995, p. 46); da mesma forma é com a concepção da Escola da Bola em relação aos objetivos, conteúdos e métodos. Aqui será considerado, também, particularmente em relação aos conteúdos do treinamento, que esses jogos têm o mesmo significado para todos os membros do grupo de jogos esportivos, se tornando seus constituintes. Contudo, esse não é um pré-requisito para o desenvolvimento de um modelo geral e não se aplica ao treinamento em outras áreas e com outros conteúdos. Por exemplo, isso não pode ser aplicado ao desenvolvimento das capacidades motoras básicas, como resistência, velocidade ou flexibilidade, pois estas, em princípio, apresentam um pré-requisito geral para as habilidades e para as disciplinas, mas não significam o aperfeiçoamento e treinamento de uma determinada modalidade específica, por serem capacidades que apresentam diferentes níveis de relevância em cada situação. O MAIJ parte da tentativa de formar uma base com fundamento amplo, sólido e geral para todas as modalidades.

Segundo nível: modelos de ensino direcionados aos jogos

A maioria das sistematizações formuladas para o ensino-aprendizagem dos jogos esportivos está no segundo nível do modelo apresentado (Figura 1.2). Nelas, em vez de o aluno ser apresentado a uma iniciação geral, ele recebe uma iniciação direcionada à modalidade específica. Busca-se um agrupamento de jogos que apresentem características parecidas. Em língua inglesa, vem se consolidando internacionalmente uma classificação que se orienta pelas exigências táticas presentes nos jogos esportivos. A classificação se apoia no modelo apresentado no Teaching Games for Understanding – TGFU[1] (Bunker e Thorpe, 1982; Thorpe, Bunker e Almond, 1986) e no Tactical Awarenes Approach – TAA[2] (Griffin, Mitchel e Oslin, 1997). O Quadro 1.1 mostra essa sistematização. No centro de cada grupo se considera o alto nível de equivalência tática nos jogos, mesmo que sob o ponto de vista da técnica eles sejam totalmente diferentes.

> As similaridades nos permitem agrupar os jogos para o ensino de acordo com as táticas aplicadas. Nós definimos os jogos de rede/parede como jogos que envolvem impulsionar (rebater) um objeto no espaço, fazendo, assim, com que um oponente seja incapaz de fazer o retorno do objeto. O objetivo dos jogos de invasão é invadir o campo adversário para marcar pontos. Em jogos de campo/corrida para pontuar, o objetivo é rebater/alcançar um objeto, fazendo com que este escape do alcance dos defensores. Nós definimos os jogos de alvo como os jogos em que o executante lança um objeto, de preferência com um elevado grau de precisão, em um alvo. (Griffin, Mitchel e Oslin, 1997, p. 9, em tradução livre)[3]

---

1 "O ensino dos jogos pela compreensão", em tradução livre.
2 "O ensino pela aproximação tática", em tradução livre.
3 "The similarities enable us to group games for instruction according to the tactics they employ. We define Net/Wall-Games as games which involve propelling an object into space so an opponent is unable to make a return. The goal in Invasion-Game is to invade an opponent's territory to score. In Fielding/Run-Scoring-Games the goals is to strike an object, so it eludes defenders. We define Target-Games as games in which the performer propels an object, preferably with a high degree of accuracy, at a target."

Quadro 1.1: Sistema de classificação tática para os jogos esportivos (Griffin, Mitchel e Oslin, 1997, p. 10; R = Raquete, M = Mão)

Rede/Parede	Invasão	Campo/Corrida para pontuar	Alvo
Rede	**Direcionado a um objetivo**		
Badminton (R) Tênis (R) Tênis de mesa (R) *Paddle tennis* (R) *Pickle ball* (R) Vôlei (M)	Basquetebol *Netball* Handebol Polo aquático Futebol Hóquei na grama Lacrosse Hóquei no gelo	Beisebol Softbol *Cricket Rounders Kickball*	Golfe *Croquet* Boliche *Curling Pool* Bilhar *Snooker Skittles*
Parede	**Objetivo "aberto"**		
Squash (R) *Racquetball* (R) *Paddle ball* (R) *Jai alai* (R) *Handball* ou *Frontón* (M) *Fives* (M)	*Speedball* Rugby Futebol americano *Frisbee*		

Classificações como essa são apresentadas desde o início dos anos 1980 –, por exemplo, por Mauldon e Redfern (1981), assim como por Ellis (1983). Aqueles classificam os jogos esportivos em "jogos com rede", "jogos de rebater" e "jogos de correr". Ellis (1983) diferencia "jogos de campo" (dois campos, um campo), "jogos de território" (objetivo/gol, linhas) e "jogos de objetivo" (com ou sem presença de adversários). O que se observa aqui é que, assim como em outras classificações, não se apresentam os agrupamentos dos esportes como um resultado que leve a profundas diferenças nas sistematizações apresentadas. Mauldon e Redfern (1981) relacionam em sua divisão, por exemplo, o parentesco nas tarefas técnicas dos esportes. Ellis (1983), por sua vez, relaciona a proximidade entre jogos a um complexo de várias decisões técnico-táticas.

Entre estudiosos de língua alemã se apresenta um panorama semelhante. Muitos teóricos de pontos de vista diferentes convergem em definitivo para o mesmo resultado (ver Czwalina, 1984, p. 22). Com base na proposta de Bremer (1981a, p. 57), os jogos esportivos, como regra geral, são divididos entre o grupo dos jogos de rede e raquete e o grupo dos jogos de acertar o alvo. Não é difícil reconhecer que a classificação e divisão dos jogos entre jogos de "rede/parede" e jogos de "rede e de campo", de um lado, e "jogos de invasão", de outro, se apresentem semelhantes. Os jogos de "campo/corrida e ponto" e os "jogos de acertar o alvo" não são considerados. Jogos desse tipo não são muito populares na Alemanha e são mais recreativos, praticados já por pessoas de maior faixa etária.

Diante desse contexto, é importante ressaltar algumas abordagens nacionais e internacionais que são contrárias à divisão dos jogos em jogos de rede e raquete e jogos de alvo. Os jogos de alvo podem ser diferenciados em jogos de chute e jogos de arremesso (ver Baumann, 1989; Duell, 1989). A sistemática "tripla" apresentada tem como vantagem a familiaridade de conteúdos e objetivos táticos e técnicos para quem for aplicá-la na prática. Essa sistemática parece plausível quando são avaliados os critérios de "similaridade de famílias de jogos", como adotado no conceito do MAIJ. Os jogos são agrupados no MAIJ de acordo com as suas semelhanças em relação às capacidades táticas (sensório-motoras) e às habilidades técnicas (sensório-motoras) exigidas: jogos de dois campos (rede) e jogos de um campo (parede) que são jogados com a mão e/ou a raquete (= jogos de rede e raquete); jogos de um campo nos quais se utiliza o pé ou o bastão (= jogos de chute); e jogos de um campo que são jogados com a mão (= jogos de arremesso).

Segundo nível: a sistematização do MAIJ

Objetivos e conteúdos dos níveis gerais progressivos
O MAIJ se orienta – considerando a generalização dos jogos esportivos propostos pela Escola da Bola – pela antiga cultura de jogar na rua. Por um lado, sua aplicação prática é unida à esperança de que as crianças possam aprender efetivamente a "ler" situações táticas de jogo, "solucioná-las" e "escrevê-las". Por outro lado, sua aplicação tática ocorre não somente no desenvolvimento do que frequentemente se descreve como "inteligência de jogo" ou do pensamento convergente em busca de soluções corretas mas também no desenvolvimento de um pensamento criativo. No centro das preocupações do processo de ensino-aprendizagem estão colocadas muito mais as questões de resolver as exigências e pressões com criatividade, ou seja, o pensamento divergente. Enquanto o conceito de "convergente" se relaciona com a capacidade de se encontrar a resposta correta a uma determinada situação de jogo, a característica principal do pensamento divergente é a de disponibilizar muitas soluções, produzir ideias (flexibilidade do pensamento) que sejam

Inteligência de jogo = pensamento tático convergente

Criatividade de jogo = Pensamento tático divergente

ao mesmo tempo pouco usuais, incomuns (originalidade do pensamento) e coligadas com a situação (coerência e adaptação do pensamento).

Fundamentalmente, a orientação na cultura dos jogos de rua significa que nos diferentes níveis do MAIJ há uma prioridade de ensino dos jogos esportivos gerais, direcionados e específicos. Porém, esse não é o único objetivo a ser postulado: "Quem diz A, também deve dizer B e C!". Junto com o aprender a jogar (A) se considera o desenvolvimento da coordenação (orientado às capacidades) com bola e a aquisição de habilidades simples (B) que sejam transferíveis, como habilidades com a bola (C) (orientadas com as habilidades simples). A Figura 1.3 exemplifica os três pilares do MAIJ, que se resumem, neste livro, ao conceito do "ABC de jogar e exercitar".

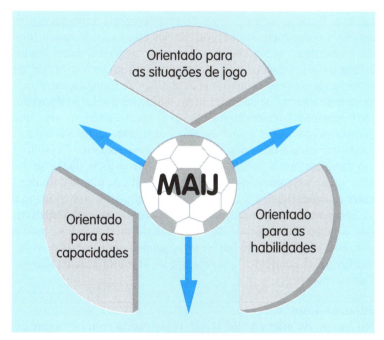

Figura 1.3: Jogar e exercitar no Modelo de Aprendizagem Implícita por meio do Jogo.

O "ABC de jogar e exercitar"

Conforme os objetivos e conteúdos expressos no nível do treinamento, temos, então, os denominados elementos ("tijolos", no original em alemão) táticos (A), elementos coordenativos (B) e elementos técnicos (C). Esses conteúdos prescrevem tarefas motoras ou exigências que devem ser superadas pelas crianças nos jogos esportivos coletivos. Na concepção da Escola da Bola, no momento de se desenvolver jogos orientados para as situações de jogo (como jogos reais), as crianças aprendem a se defrontar com os elementos táticos; na orientação para as capacidades coordenativas, aprendem a controlar e a dominar a bola com os elementos coordenativos. Já na Escola da Bola orientada para as habilidades, aprendem a desenvolver aspectos comuns das habilidades específicas solicitadas posteriormente nos esportes. As habilidades são desenvolvidas por meio dos elementos técnicos.

Para a Escola da Bola geral, a questão é: quais são os elementos táticos a serem treinados? Tal pergunta fora respondida por Kröger e Roth (1999). Esses conteúdos do treinamento do primeiro nível de formação serão detalhados novamente de forma sucinta. Trata-se de conteúdos e tarefas comuns a muitos esportes. Eles constituem o que poderia ser chamado de um "grupo de elementos" que serve de base para os jogos direcionados e para os jogos específicos. No segundo ou no terceiro nível do modelo não se procuram novos conteúdos de treinamento. Espera-se muito mais que se apresentem variações e seleção de aspectos (elementos) que tenham a ênfase na modalidade, ou seja, que complementem esse grupo de elementos. Em relação à modificação e à ênfase dos conteúdos, será apresentado no Capítulo 2 um direcionamento para os jogos de rede e raquete. Deve-se decidir quais os conteúdos dos elementos táticos que são comuns entre as modalidades de rede e raquete, quais os conteúdos que se apresentam de forma comum nos elementos coordenativos que caracterizam o perfil de exigência de modalidades como o voleibol, vôlei de praia, *badminton*, *squash*, tênis, tênis de mesa etc. Quais os elementos que têm um valor maior e quais têm um valor menor?

> **Grupo de elementos dos jogos esportivos gerais**
> ↓
> **Seleção Ponderação Complementariedade**
> ↓
> **Grupo de elementos direcionados ao jogo e específicos do jogo**

Elementos táticos

No âmbito do pilar (A) do MAIJ, relacionado com os "jogos esportivos situacionais", as crianças devem, acima de tudo, aprender a compreender as situações de jogo, ou seja, conseguir fazer a "leitura" tática e preparar a "solução" de forma mental. O que se deseja é o desenvolvimento de uma compreensão geral, direcionada ou específica para o jogo. Por isso, os iniciantes participam em formas de jogo próprias que não possuem, necessariamente,

A: o jogar na Escola da Bola

uma sequência metodológica ou um conteúdo que se constrói com dependência de outro. No geral, os jogos esportivos da Escola da Bola são construídos com base em um grupo de sete elementos táticos. Esses jogos derivam das experiências práticas e de uma revisão da literatura específica da área, bem como de pesquisas realizadas com especialistas. Memmert (2001) desenvolveu avaliações e validações precisas dos sete elementos e conseguiu comprovar dois aspectos importantes. O primeiro está relacionado com o significado universal dos elementos, que podem ser desenvolvidos por meio de jogos esportivos gerais que melhoram o desempenho da competência de solucionar problemas táticos. O segundo aspecto sugere que os elementos parecem ser independentes uns dos outros em relação à competência de solucionar problemas, com uma única exceção. Essa exceção diz respeito a dois elementos antigos: "tirar vantagem tática" e "oferecer-se e orientar-se". Por isso, com base no resultado desse estudo, esses dois elementos foram agrupados, formando um novo: "criar superioridade numérica". Sua definição compreende a combinação da exigência/tarefa dos dois elementos antigos.

Criar superioridade numérica = tirar vantagem tática + oferecer-se/orientar-se

O Boxe 1.1 apresenta a lista modificada, agora para seis elementos táticos gerais para a iniciação do ABC esportivo. Os conteúdos da formação são formulados a partir de situações ofensivas. Jogos nos quais eles são trabalhados paralelamente apresentam, como regra geral – ainda que não obrigatória – os elementos defensivos correspondentes.

Boxe 1.1: definição dos elementos táticos na Escola da Bola Geral (adaptado de Kröger e Roth, 1999, p. 32)

Seis elementos táticos gerais

Acertar o alvo: tarefas táticas em que se deve selecionar o momento e o local de se realizar ação de finalização.

Transportar a bola para o objetivo: tarefas táticas em que se deve transportar (conduzir, jogar) a bola junto com um colega de equipe, de forma a aproximar-se do objetivo de jogo.

Criar superioridade numérica: tarefas táticas nas quais se objetiva obter uma vantagem por meio do oferecer-se/orientar-se e da cooperação com o colega.

> *Jogar coletivamente*: tarefas táticas em que o importante é receber a bola do colega ou passar a bola para ele.
>
> *Reconhecer espaços*: tarefas táticas em que se deve aproveitar oportunidades de espaços livres para passar a bola ou marcar um ponto (gol), quando em oposição a um adversário.
>
> *Superar o adversário*: tarefas táticas em que, no confronto com o adversário, consegue-se assegurar a posse da bola.

Elementos coordenativos

O segundo pilar do MAIJ objetiva o desenvolvimento das competências para se colocar em prática ou realizar na prática as soluções táticas das situações de jogo. No centro da reflexão teórica se encontram atividades sensório-motoras que permitem, facilitam, promovem e oportunizam aprender a "escrever" (B). Aqui se assume o conceito amplamente conhecido de que também na área da motricidade se desenvolve uma espécie de "inteligência motora". Isso corresponde à observação cotidiana de que algumas pessoas aprendem a técnica de forma mais fácil que outras. Sabe-se que isso não é independente ou indiferente ao talento ou às informações hereditárias, mas a "inteligência sensório-motora" pode ser treinada e melhorada de forma significativa na maior parte das pessoas.

B: os exercícios na Escola da Bola orientada para as capacidades

Na escolha de conteúdos para uma aula, essa é uma questão difícil de ser resolvida: quais "capacidades da inteligência sensório-motora" são importantes para os jogos esportivos? Kröger e Roth (1999) buscaram uma resposta pragmática a essa dúvida. Por um lado, eles partem do conceito de que as "capacidades da inteligência sensório-motora são iguais às capacidades coordenativas gerais" e, por outro lado, renunciam – considerando a falta de consenso existente na literatura – a intenção de desenvolver ou trabalhar com a ideia de capacidades coordenativas com a bola. Em contrapartida, formulam, em relação e em congruência com a proposta de Neumaier e Mechling (1995), uma lista de exigências coordenativas que devem ser ou que, aparentemente, estão sempre presentes nos jogos esportivos (Boxe 1.2). Eles recomendam, para o primeiro nível do MAIJ, um treinamento geral para a superação das exigências dos elementos coordenativos.

Objetivos e conteúdos dos níveis gerais progressivos 25

Boxe 1.2: definição dos elementos coordenativos na Escola da Bola Geral (adaptado de Kröger e Roth, 1999, p. 86)

Seis elementos coordenativos gerais

Pressão de tempo: tarefas coordenativas nas quais é importante a minimização do tempo ou a maximização da velocidade;

Pressão de precisão: tarefas coordenativas nas quais é necessária a maior exatidão possível;

Pressão de complexidade (ou sequência): tarefas coordenativas nas quais devem ser resolvidas uma série de exigências sucessivas, uma após da outra;

Pressão de organização: tarefas coordenativas nas quais se apresenta a necessidade de superação de muitas e simultâneas exigências;

Pressão de variabilidade: tarefas coordenativas nas quais há a necessidade de se superar exigências em condições ambientais variáveis e situações diferentes;

Pressão de carga: tarefas coordenativas nas quais a exigência é do tipo físico-condicional ou psíquica.

Elementos das habilidades técnicas

C: os exercícios na Escola da Bola orientada para as habilidades

Com o terceiro pilar do MAIJ, procura-se, da mesma forma, uma melhoria da competência geral para realizar as respostas ou soluções para as exigências táticas em cada situação. O objetivo é – se é que se pode falar assim – desenvolver a habilidade de "escrever o jogo" (C). Para esclarecer, o pensamento básico é composto, especificamente, pelo aprendizado dos procedimentos gerais, das tarefas que são parte do jogo, ou seja, o pensamento central não está relacionado especificamente com a ideia de se saber e treinar todas as técnicas dos esportes de rede e raquete, e sim de construir um repertório amplo e completo de soluções motoras para as tarefas do jogo ao se trabalhar com famílias de atividades. Trata-se de exercícios sensório-motores que podem fazer parte, de forma isolada ou combinada, de movimentos ou partes de uma técnica, de um procedimento específico da modalidade. Supõe-se que essas tarefas estejam contidas, de forma geral, nas tarefas de jogo e se relacionem entre si. Kortmann e Hossner (1995, p. 53) corroboram com a ideia de "classes de tarefas", com uma *box of bricks* (ou seja, uma "caixa de tijolos"); esses tijolos, que representam os elementos, podem ser combinados e utilizados para a realização de diferentes tarefas motoras nos jogos esportivos coletivos, ajudando a completar e/ou complementar a realização sensório-motora de uma técnica.

Essas partes delimitadas de uma tarefa, caracterizadas pela exigência de percepção (sensorial) e/ou da motricidade, são denominadas de habilidades técnicas no pilar do MAIJ. Elas são tomadas da Escola da Bola orientada para as habilidades e treinadas de forma sistemática para reduzir as dificuldades. Em outras palavras, no centro do processo de treinamento se encontra a melhoria da competência de soluções para os elementos técnicos individuais, transferíveis.

O Boxe 1.3 apresenta uma visão geral dos conteúdos que devem ser considerados na Escola da Bola. O peso do aspecto sensorial em relação aos aspectos motores em cada elemento aumenta de cima para baixo.

Boxe 1.3: definição dos elementos de habilidades técnicas na Escola da Bola Geral (modificado com base em Kröger e Roth, 1999, p. 148)

Oito elementos gerais (ou integrativos) das habilidades técnicas

Controle dos ângulos: tarefas em que o objetivo seja controlar de forma precisa a direção de uma bola lançada, chutada ou rebatida.

Controle da força: tarefas em que o importante seja controlar de forma precisa a força de uma bola lançada, chutada ou rebatida.

Determinar o momento da rebatida: tarefas em que possa ser determinado o espaço, o momento espacial para passar, chutar ou rebater uma bola de forma precisa.

Objetivos e conteúdos dos níveis gerais progressivos

Determinar o percurso e o tempo da bola: tarefas sensório-motoras em que o importante seja determinar com precisão a direção e a velocidade de uma bola no momento de correr e pegá-la ou rebatê-la.

Estar preparado (oferecer-se): tarefas sensório-motoras em que o importante seja preparar ou iniciar a condução de movimento no momento certo.

Antecipar a direção e a distância do passe (rebatida): tarefas sensório-motoras em que o importante seja determinar a direção e distância corretas de uma bola passada, antecipando-a corretamente.

Antecipar a posição defensiva: tarefas sensório-motoras em que o importante seja antecipar, prever a real posição de um ou vários defensores/adversários.

Observar os deslocamentos: tarefas sensório-motoras em que o importante seja o jogador perceber os deslocamentos de um ou vários adversários/colegas de equipe.

Relações e interações entre as competências para solucionar tarefas táticas coordenativas e técnicas

Observações para iniciantes no "ABC": neste espaço e do Capítulo 3 ao 5 deste livro serão descritos de forma coletiva os três pilares do jogar e exercitar da Escola da Bola sob a ótica do MAIJ, de forma sequencial. Uma descrição de conteúdos e objetivos realizada de forma separada e isolada – analítica – é muito importante nos planos didáticos e planejamentos anuais, bem como nas diretrizes curriculares. Ela serve para uma maior visão do todo e contribui de forma prático-metodológica para a elaboração de planejamento e estruturação de aulas ou de sessões semanais. Com a delimitação dos pilares A, B e C, não se pretende colocar em evidência que as competências para solucionar tarefas táticas, coordenativas ou de habilidades técnicas sejam totalmente independentes entre si e devam ser desenvolvidas em separado. Pelo contrário, no caso de ações concretas no jogo, no momento de aplicar soluções aos problemas do jogo, deve-se pensar sempre nas estreitas relações entre os pré-requisitos dos rendimentos tático, coordenativo e técnico.

Torna-se claro que a divisão didática adotada entre a competência da busca de uma solução mental (elemento tático) e a competência sensório-motora para realizar a solução de problemas (elementos coordenativo e técnico) deve ser relativizada em diversos aspectos. Por exemplo, as soluções táticas de problemas no jogo – particularmente com iniciantes – são sempre dependentes da capacidade técnica de ação. Além do mais, trata-se de uma forma simplificada de abordagem, pressupondo que a competência para o elemento tático serve como base para a decisão "do que fazer", enquanto a competência do elemento técnico está associada ao "como fazer" – transferência sensório-motora. A antecipação de algumas ações, como da própria trajetória ou velocidade de corrida, da direção e da distância do passe, da posição e do trajeto do defensor não tem relação somente com a aplicação adequada das soluções táticas, mas também podem, de forma inversa, influenciar o processo de tomada de decisão.

Supõe-se que, de forma geral, seja assim: também para os iniciantes no ABC, tudo depende, em maior ou menor medida, da forma como o "todo se relaciona com o todo". Ou seja, no geral, nada se fala contra se trabalhar cada uma das competências na busca de soluções por meio de exercícios de forma sistematizada. Essa é a lógica que apoia o processo de treinamento em todas as modalidades esportivas e em todos os níveis de rendimento.

Treinamento esportivo é sempre analítico

Filosofia metodológica básica dos níveis gerais progressivos
"The research on teaching games is exciting and demonstrate the willingness to move the discussion of which is the best way to teach beyond an 'I believe' stage" (Rink, French e Tjeerdsma, 1996, p. 417).[4]

As definições e preocupações de pesquisas sobre o tema "metodologia da iniciação nos jogos esportivos" tem uma tradição tão longa e antiga quanto a do ensino dos esportes e o desenvolvimento de exercícios nos clubes. Dentre as opiniões escritas e publicadas, que enchem muitas prateleiras de bibliotecas, as questões centrais das preocupações foram e continuam sendo:

---

4 N.T.: "A pesquisa sobre o ensino de jogos é emocionante e demonstra a vontade de avançar na discussão sobre qual seria a melhor maneira de ensinar para além de um estágio de *'achismo'*" (em tradução livre).

As três "grandes questões" na metodologia da iniciação esportiva

1. Na iniciação esportiva se deve ensinar e proceder de forma geral ou específica?

2. Qual é o conteúdo que deve ser considerado com mais peso: o jogar ou o exercitar?

3. Na iniciação esportiva, o professor deve começar com formas e atividades metodológicas de ensino indireto (implícito) ou direto (formal/explícito)?

O MAIJ oferece uma resposta à primeira pergunta por meio da formulação da escolha de um modelo constituído de estruturas verticais de forma clara e contundente. Pode ser resumido e caracterizado na fórmula metodológica:

Primeira regra aplicada no MAIJ

"Do geral para o específico"

As respostas para as outras perguntas básicas também seguem uma simples sequência, uma "receita para o sucesso", e podem, da mesma forma, ser mais bem formuladas, considerando seu decorrer no tempo. Conforme essas regras, o decorrer da formação segue a lógica de etapas:

Segunda e terceira regras aplicadas no MAIJ

"Do jogar para o jogar e exercitar" e
"Da aprendizagem implícita para a explícita"

Deve ser observado que em nenhuma dessas regras é adotada uma posição excludente, como "um ou outro". Está subentendido que se deve considerar o processo de iniciação esportiva na sua totalidade, e não somente por um prisma, nem deve-se entender a formação geral em oposição à específica ou aprender por meio do jogo em oposição aos exercícios.

A orientação do MAIJ em uma única ideia ou proposta conceitual, em um conceito metodológico apoiado em uma filosofia de base, analisando isoladamente seus componentes, não representaria nenhum avanço. As respostas específicas dadas às perguntas formuladas a respeito dos processos metodológicos da iniciação esportiva estão mais relacionadas aos objetivos a serem alcançados, conforme as diferentes situações que o ambiente da prática determina, do que aos aspectos teóricos resultados de pesquisa. Dito de outra forma, as decisões metodológicas inerentes ao

MAIJ solicitam uma fundamentação teórica, que será apresentada a seguir (ver Hossner e Roth, 2002).

Primeira regra: "Do geral para o específico"
Quais são as diferentes opções metodológicas que devem ser unidas para se configurar um modelo de ensino-aprendizagem geral? Nesse aspecto, o objetivo consiste em desenvolver nas crianças formas de pensamentos táticos convergentes e divergentes para que aprendam a resolver situações de jogo e desenvolver uma "leitura tática" adequada, assim como a capacidade coordenativa inerente à habilidade de "escrever" soluções sensório-motoras, em contrapartida com o que propõem os modelos de aprendizagem específica.

A conceituação do modelo geral foi explicada nos parágrafos anteriores, mas vamos ampliar e recordar essa informação: na Escola da Bola se parte da premissa de que, antes de se proceder à iniciação na modalidade esportiva, faz sentido desenvolver o conhecimento geral da tática, um repertório de experiências de movimentos que possam ser transferidos. Se constrói uma base com fundamentos amplos, que no MAIJ se caracteriza pelos elementos táticos, coordenativos e técnicos. A iniciação nos jogos esportivos não pode ser organizada de outra forma. Nos modelos de iniciação direta na modalidade – como na proposta de ensino genético (ver Loibl, 2001; Schmidt, 2002) –, a tática e o treinamento técnico são direcionados sem alterações, sem variações na ideia do jogo formal. Assim, se chega diretamente à concepção do jogo e ao perfil de exigência da modalidade no alto nível. É importante observar os princípios exemplares dos jogos esportivos comuns, nos quais se reconhecem situações para solucionar tarefas táticas e, paralelamente, conseguir controlar e manusear a bola. Tais jogos proporcionam possibilidades de se desenvolver problemas e achar as soluções que permitem aprender e compreender as relações que podem ser transferidas a outros esportes (Loibl, 2001, p. 23).

O modelo de aprendizagem geral (p. ex., MAIJ)

versus

Modelos específicos (p. ex., ensino genético)

No modelo da iniciação esportiva implícita, a entrada em uma carreira esportiva com a bola se constrói, portanto, por meio de uma sequência de três níveis de formação para se criar um potencial ótimo de transferências entre diferentes modalidades esportivas (ver Figuras 1.1 e 1.2).

Filosofia metodológica básica dos níveis gerais progressivos

O que justifica, então, a mudança do modelo direcionado para o conceito da aprendizagem implícita? Até aqui, o que foi mostrado indica que um agrupamento dos jogos esportivos coletivos, no primeiro e segundo níveis do MAIJ, reúne os elementos necessários e inerentes às estruturas dos jogos esportivos. A eficiência desse procedimento, de acordo com a regra "do geral para o específico", ainda deve ser confirmada teoricamente. Para isso, serão apresentados os seguintes argumentos:

1ª regra do MAIJ: argumentos e comprovações

- argumentos da psicologia do desenvolvimento, da motivação e pedagógicos;
- princípios do treinamento esportivo e da teoria do treinamento;
- resultados de pesquisas.

Os argumentos psicológicos e pedagógicos foram mencionados por Kröger e Roth (1999, p. 9) sob o título de "o perigo da especialização precoce", e podem ser explicados de acordo com as teorias do desenvolvimento. Como se trata de iniciantes que são crianças e jovens, não podem ser deixados de lado os pré-requisitos do seu crescimento, assim como suas necessidades motivacionais e de desenvolvimento da personalidade não devem ser descuidadas. Propor atividades especializadas, como se faz com um adulto, leva a resultados rápidos, mas gera pouca efetividade metodológica no processo de formação. Isso é válido de forma geral. Considerando isso, as crianças e jovens são encaminhados de uma formação em longo prazo para uma formação geral, antes de se avançar na especialização em uma área. Essa proposta visa, direta ou indiretamente, uma espécie de desenvolvimento das capacidades, de um vocabulário e de um modelo de linguagem de jogo, antes mesmo que os iniciantes possam se preocupar com as letras, palavras ou regras gramaticais. Esse processo permite a aprendizagem da "lógica em fatos" antes da especialização no mundo da matemática. Crianças são generalistas, por isso pode-se dizer que não são especialistas: elas são, por natureza, polivalentes.

Crianças não são adultos reduzidos

Esse reconhecimento surge quase de forma autoexplicativa. Observado na totalidade da teoria e da prática dos esportes, está muito enraizado e se reflete em uma série de princípios reconhecidos na teoria do movimento e do treinamento. A afirmação de que toda formação geral deve ser anterior a uma formação específica adquire hoje um caráter definitivo. Estão valendo os ordenamentos de "formação variada no desenvolvimento dos níveis de rendimento" (Martin, Nicolaus, Ostrowski e Rost, 1999, p. 184), bem como a orientação da "ótima relação entre a formação geral e a específica" (Martin, Carl e Lehnertz, 1991, p. 40; Weineck, 2000, p. 38). Esses princípios não são importantes somente no MAIJ, ou no momento da iniciação, mas também são considerados imprescindíveis nas áreas da tática, da coordenação e da técnica. Assim, uma sistematização do treinamento da resistência começa com um treinamento aeróbico geral, o treinamento de força com um fortalecimento geral, com circuitos funcionais, o treinamento da velocidade com um *sprint* – ABC etc. Assim, espera-se que uma formação básica, ampla e geral seja útil ao esporte específico a ser escolhido posteriormente.

Um princípio universal do treinamento esportivo: variabilidade antes de especialização

A lista de uma série de exemplos que vêm de uma filosofia de treino "do geral para o específico" pode ser ampliada de forma livre e variada. Por que se deve, então, no "jardim de infância" dos iniciantes em esportes pensar dessa forma e não de outra? O modelo da iniciação implícita postula, prioritariamente, com base nas teorias do movimento e do treinamento, a ideia de desenvolver nos iniciantes um conhecimento geral e, assim, reduzir com o conceito da Escola da Bola, nos dois níveis do modelo, a difícil metodologia do ensino do esporte, contrapondo essa ideia com o já praticado conceito da especialização presente nas modalidades individuais (por exemplo, atletismo, ginástica rítmica etc.). Kröger e Roth (1999, p. 14 e 30) delimitam a ideia de uma mediação por meio de uma série de suposições teóricas e representações de modelos transferidos da psicologia geral (particularmente, os relacionados com os elementos táticos gerais), da psicologia diferencial (relacionados aos abrangentes elementos coordenativos) e da psicologia cognitiva (relacionados com os elementos das habilidades técnicas).

As argumentações a favor de uma regra metodológica do "geral ao específico" se reforçam pelos resultados empíricos de estudos interculturais comparativos sobre a iniciação esportiva, bem como pela análise da biografia de atletas altamente criativos. Roth, Raab e Greco (2000) observaram e compararam o efeito de uma formação direcionada ao esporte. O objetivo da pesquisa consistia em comprovar a hipótese de que uma aquisição de experiências amplas e variadas seria útil para o desenvolvimento da criatividade. A criatividade foi considerada e avaliada conforme o conceito formulado por Guilford (1967) em relação aos critérios do processo do pensamento divergente (flexibilidade, originalidade e adequação).

Estudos interculturais comparativos

Nos seus dois estudos principais, Roth, Raab e Greco (2000) se apoiam em modelos de comparação intercultural. Diferentes influências de formação por meio de um processo geral *versus* um específico podem ser comprovadas somente quando, no decorrer de vários anos, podem ser acumuladas diferentes formas de aquisição de experiências. Para tanto, foram colocados frente a frente jogadores brasileiros e alemães de duas modalidades esportivas das quais pode se supor que tenham grandes diferenças. Os brasileiros – de acordo com uma plausível observação do cotidiano – se aproximam dos jogos esportivos por meio de uma variada e pouco direcionada prática de jogos (por exemplo, vôlei de praia, futebol de areia na praia, peteca ou futevôlei), enquanto os jovens alemães têm um ingresso precoce nos clubes e treinam diretamente uma modalidade específica.

Jogadores brasileiros não são mais inteligentes taticamente, mas são mais criativos

"Eles treinam antes de terem aprendido a jogar" (Schmidt, 1994, p. 3). Os resultados da pesquisa realizada comprovaram a influência positiva de uma aquisição de experiências gerais, variadas, amplas no desenvolvimento da criatividade. Os jogadores brasileiros de handebol, jovens e atletas de alto nível, tiveram resultados de rendimento estatisticamente significativos nas questões da criatividade, flexibilidade, originalidade e adequação, superiores aos dos colegas alemães dos mesmos níveis de rendimento. Contudo, não se encontraram diferenças significativas na verificação da capacidade de inteligência de jogo (pensamento convergente).

Estudos biográficos da arte da bola: pode-se tudo com ela

No âmbito do estudo de dados biográficos de jogadores altamente criativos foi aplicado um método totalmente inverso ao anterior. O ponto de partida da pesquisa de Hamsen, Greco e Samulski (2000) foi o inverso do que realizaram Roth, Raab e Greco (2000). A suposição formulada foi a de que diferentes histórias ou biografias de aprendizagem levariam a diferentes níveis de rendimento no pensamento divergente. Entretanto, também existia a suposição de que há altos níveis de rendimento criativo também em atletas de sucesso. Para comprovar essa hipótese, foram entrevistados cinco ex-jogadores altamente criativos do futebol brasileiro e alemão, das respectivas seleções nacionais. Eles foram questionados de forma detalhada em relação a suas formas de iniciação esportiva. As análises das entrevistas semiestruturadas demonstraram que os denominados "artistas da bola" coincidem na forma de vida que tinham em sua infância e juventude; eles eram versáteis e "maníacos pela bola". Suas declarações e relatos convergem com os resultados de um trabalho realizado por Derad, em que os melhores *playmakers* (armadores) da liga de basquetebol e handebol entrevistados declararam com as mesmas palavras suas experiências de vida na iniciação esportiva (ver Kröger e Roth, 1999, p. 8-9). Uma aquisição de experiências variadas de acordo com a fórmula básica "do geral para o específico" se apresenta, de fato, como um potencial que libera a flexibilidade, a originalidade e adequação do pensamento tático.

Segunda regra: "Do jogar para o jogar e exercitar"
A respeito da segunda pergunta metodológica, relacionada a qual prática faria um campeão (jogar ou exercitar), na literatura esportiva se encontra uma discussão muito ampla e controversa. Isso se refere, por um lado, à comprovação de que na metodologia da iniciação se deve jogar e também exercitar, bem como na regra de que "se joga antes de se exercitar". Em relação a esses dois aspectos, aparentemente existe um consenso internacional desde o conceito dos processos metodológicos da iniciação esportiva na Alemanha (ver Figura 1.2) até o conceito do "Teaching Games for Understanding" (TGFU) e o denominado "Tactical Awareness Approach" (TAA). A divisão aceita de forma geral indica que a iniciação esportiva por meio de jogos deve ocorrer (temporalmente) antes do estudo ou treino da técnica. Não é a perfeição nas habilidades que é um fator decisivo para o jogador iniciante, mas sim a capacidade de reconhecer problemas táticos e resolvê-los de forma adequada:

"Game appreciation and the development of tactical awareness should precede development of the motor skills of a game: ideas related to 'what to do' and 'when to do' should precede 'how to do it'" (Rink, French e Tjeerdsman, 1996, p. 399)[5]

> "Quem dispõe de uma ampla plataforma de experiências, recordações, emoções e percepções conta com um reservatório criativo no qual pode ir procurar respostas" (Ernst Pöppel, Spiegel, 5/2000)

> Principalmente o jogar faz o campeão!

---

5 N.T.: "Conhecer o jogo e o desenvolvimento das capacidades táticas deve preceder o desenvolvimento das habilidades motoras do jogo: ideias relacionadas com 'o que fazer' e 'quando fazer' devem anteceder questões do tipo 'como fazer'", em tradução livre.

TGFU/TAA:
"o entendimento do jogo"

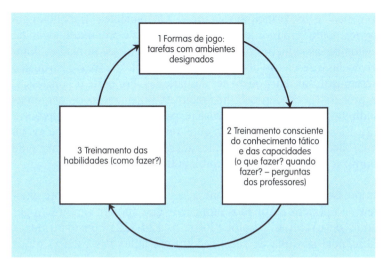

Figura 1.4: o modelo do TGFU/TAA de acordo com Griffin, Mitchel e Oslin (1997, p. 15).

A Figura 1.4 mostra que a regra "jogar antes de exercitar" é também considerada fundamental no modelo de TGFU/TAA. Griffin, Mitchel e Oslin (1997), com base em 169 horas de aula, documentam como essa abordagem pode ser útil e benéfica na iniciação esportiva em modalidades como futebol, basquetebol, voleibol, *badminton*, tênis, softbol e golfe. De forma simples, os caminhos metodológicos de ensino se iniciam com jogos e formas de jogo nas quais as exigências nos níveis de rendimento dos iniciantes seja adaptada (1). É fundamental que o jogador seja explicitamente solicitado a agir e a pensar de forma tática (2). O professor deve fazê-lo por meio de perguntas críticas e exatas, direcionadas a comprovar determinadas respostas. Assim, os iniciantes também têm a impressão de que um treinamento das habilidades será útil para melhorar seu nível de rendimento (3). Após a unidade de treino, será treinada uma nova forma ou uma forma mais complexa de jogo. Em resumo, essa sequência de "jogo-prática-jogo" é apresentada em cada aula de forma contínua, e os iniciantes são introduzidos passo a passo ao objetivo.

A proximidade de pensamento com o já citado processo de ensino genético, no sentido de Wagenschein (1991), é evidente (Loibl, 1991, 1994, 2001; Schmidt, 2002). O caminho de ensino reúne, junto com os "princípios exemplares", as ideias do "princípio genético" e do "princípio socrático". Os iniciantes "trabalham genericamente" em problemas básicos comuns e procuram, jogando, encontrar as soluções táticas (1). Elas devem ser provadas, comprovadas e desenvolvidas de forma consciente. Se for o caso de não serem exitosas, até podem ser descartadas. Por parte do professor, o processo é "socrático", por meio da organização de perguntas indiretas e acompanhamento das respostas que os alunos oferecem (2). Elas desembocam, finalmente, em uma fase de exercícios na qual são treinadas as habilidades até se alcançar uma "permanente otimização da função (3)" (Loibl, 2001, p. 20).

Não há resultados empíricos convincentes do "ensino genético" (Loibl, 2001; Schmidt, 2002)

Impressiona que, mesmo com essa concordância, até hoje existam tão poucos resultados empíricos que apoiem a regra "jogar antes de exercitar". Loibl (2001, p. 120-122) considera que a influência positiva de seu conceito em aulas nas escolas e nos clubes confirmam sua proposta, mas os resultados de muitas pesquisas do grupo do TGFU/TAA apresentam outra visão e linguagem. Já em 1990, Chandler e Mitchell resumiram que não se tem ainda resultados suficientes que assegurem uma maior efetividade de abordagens orientadas aos jogos sobre aquelas orientadas aos exercícios. Essa impressão pode ser verificada no conjunto de resultados de pesquisas apresentadas no Quadro 1.2. Somente Turner e Martinek (1995) e, com algumas restrições, Griffin, Mitchell e Oslin (1995) encontraram na área da tática e no desempenho no jogo vantagens da abordagem do TGFU (centrada na tática) em comparação com o método tradicional de ensino (centrado na técnica). Em contrapartida, o grupo orientado para a técnica não demonstrou desempenho superior nos testes de habilidade técnica quando comparado ao grupo de abordagem tática – com exceção do trabalho de McPherson e French (1991).

Não existem resultados de pesquisa conclusivos

Quadro 1.2: Pesquisas sobre a efetividade do conceito apresentado no TGFU/TAA

Autor(es)	Esporte/ Classe	Duração do experimento	Melhorias Tática	Melhorias Técnica	Melhorias Rendimento no jogo
McPherson e French (1991)	Tênis escolar	30 aulas: Grupos TGFU e das habilidades	Grupos TGFU e das habilidades	Grupo das habilidades	Grupos TGFU e das habilidades
Turner e Martinek (1992)	Hóquei na grama 6ª e 7ª série	6 unidades de aula Grupos TGFU e das habilidades	-	-	Grupos TGFU e das habilidades
Turner e Martinek (1995)	Hóquei na grama 6ª e 7ª série	15 aulas Grupos TGFU e das habilidades	Grupo TGFU	-	Grupo TGFU
Gabriel e Maxwell (1995)	*Squash* escolar	12 aulas Grupos TGFU e das habilidades	Não levantado	Não levantado	Grupos TGFU e das habilidades
Griffin, Oslin e Mitchell (1995)	Voleibol 6ª série	9 aulas Grupos TGFU e das habilidades	Grupo TGFU	-	Não levantado
Mitchell, Griffin e Oslin (1995)	Futebol 6ª série	6 aulas Grupos TGFU e das habilidades	-	-	Não levantado
Graham, Ellis, Williams, Kwak e Werner (1996)	*Badminton* 9ª série (alunos bons e fracos)	15 aulas Grupos TGFU, das habilidades e combinado	Não levantado	Grupos TGFU, das habilidades e combinado	Todos os grupos
French, Werner, Rink, Taylor e Hussey (1996)	*Badminton* 9ª série	13 aulas Grupos TGFU, das habilidades e combinado	Grupos TGFU, das habilidades e combinado	Grupos TGFU e das habilidades	Todos os grupos
French, Werner, Taylor, Hussey e Jones (1996)	*Badminton* 9ª série	30 aulas Grupos TGFU, das habilidades e combinado	Grupos TGFU, das habilidades e combinado	Grupos TGFU e das habilidades	Grupo das habilidades

De forma geral, deve ser observado que os resultados das pesquisas até hoje realizadas só podem ser relacionados parcialmente. Os estudos variam não somente em relação à modalidade ensinada nas aulas, mas também em relação às séries pesquisadas (Quadro 1.2, coluna 2), à duração do treinamento (Quadro 1.2, coluna 3) e à forma de se medir o progresso do aprendizado (Quadro 1.2, colunas 4 a 6). Recentemente, tem sido utilizada como critério de análise do rendimento de aprendizado, de forma crescente, a proposta formulada por Oslin, Mitchell e Griffin (1998), o denominado Game Performance Assessment Instrument (GPAI).

As diferenças no desenho metodológico da pesquisa não conseguem colocar de lado a falta de consistência e unidade nos resultados. Nota-se, por exemplo, que os grupos orientados com jogos e atividades prioritariamente táticos não apresentaram resultados melhores que os grupos normais. Em alguns casos, isso pode ser explicado pelo fato de que os avanços na pesquisa no TGFU/TAA foram, principalmente, direcionados a analisar as formas de pensamento tático convergente. A vantagem do processo de aprendizagem implícita nas abordagens desenvolvidas pela Escola da Bola pode estar caracterizada, portanto, pelo fato de estabelecer uma base adequada para o desenvolvimento de capacidades de pensamento divergente.

Para essa suposição, podem ser lançadas diferentes justificativas. A primeira está nos resultados das pesquisas sobre criatividade em geral, que têm mostrado, por meio de estudos individuais sobre métodos de ensino, que fatores como "casa, família, escola, profissão dos pais" apresentam uma forte influência no desenvolvimento da criatividade (ver resumo em Sternberg e Lubart, 1995). As pesquisas documentaram o significado da independência e do controle individual com o aumento no desenvolvimento em longo prazo e da aquisição de experiências pela própria iniciativa. Em estudos de Schaefer e Anastasi (1968), Johnson (1972) e Simonton (1977) foram comprovadas correlações entre as características biográficas e a criatividade artística ou científica. Esses resultados e a representação sobre os efeitos da aquisição de experiências de aprendizado correspondem aos resultados de delimitações do ambiente para a produção de ações criativas. Por meio de contextos experimentais, demonstrou-se que jogos que apresentam uma certa dose competitiva exercem uma influência positiva no desenvolvimento da criatividade.

Resultados das pesquisas (na psicologia) sobre criatividade em geral

Resultados das pesquisas na literatura das ciências do esporte

Num segundo momento, na literatura das ciências do esporte, foram apresentados resultados positivos relacionados à iniciação esportiva por meio de jogos. Devem ser mencionadas as pesquisas de Raab e Gwodz (1997), Sahre e Raab (1997), bem como os famosos estudos de Cropley (1995). Esse pesquisador estudou duas equipes de futebol juvenil de Hamburgo, na Alemanha. A primeira treinou prioritariamente de forma variável e jogada, mesmo com erros técnicos e com um treino que não tinha preocupação com o desenvolvimento de regras de solução convergentes. Em comparação com uma segunda equipe, que treinava tradicionalmente, a primeira alcançou níveis maiores em um teste de criatividade. Os jogadores apresentaram, também, mais confiança e menor angústia em errar nas suas decisões.

"Uma criança é uma criança completa quando joga" (Friedrich von Schiller, 1759 - 1805)

No modelo da aprendizagem implícita, no qual se deve considerar de forma enfática o desenvolvimento da criatividade no jogo, se coloca que, mesmo com os resultados heterogêneos que se observam no Quadro 1.2, se deve seguir a regra metodológica "do jogar para o jogar e exercitar". Por esse motivo, os argumentos da psicologia do desenvolvimento e da pedagogia devem ser considerados nas reflexões metodológicas. Além de serem *allrounders* (generalistas), as crianças também relacionam sua motivação mais com atividades por meio de jogos do que com exercícios isolados. Nesse sentido, as abordagens orientadas aos jogos podem ser entendidas como "basically a pedagogical curriculum orientation to a teaching problem" (Rink, French e Tjeerdsma, 1996, p. 401). O treinamento das habilidades técnicas é incorporado somente quando o iniciante sente necessidade, o que é possível por meio da alternância entre a prática (jogo) e o questionamento.

Terceira regra: "Da aprendizagem implícita para a aprendizagem explícita"

Aprendizagem explícita = aprendizagem direcionada, direta e consciente

A terceira regra da sequência está, de certa forma, ligada à lógica que fora colocada na segunda. Quando se procura nas origens dos jogos a sua finalidade e o seu objetivo, deve-se esclarecer a questão: como deve ser concebido o aprendizado por meio do jogo? No âmbito do TGFU/TAA e da proposta ensino-aprendizagem genética se assume uma posição teórica bem definida. O que se procura desenvolver com essa forma de ensino-aprendizagem é um pensamento tático consciente e uma ação que tenha *tactical awareness* (consciência tática). É por esse motivo que os processos intencionais de ensino-aprendizagem são de maior relevância. Os iniciantes aprendem as regras e competências táticas de modo "formal/explícito".

No MAIJ, o processo se dá de forma diferente. As crianças participam de jogos sem direcionamento do professor. Essa ênfase no simples conceito de "deixar jogar" se apoia no conhecimento de que seres humanos podem aprender sem saber que estão se esforçando e o que estão aprendendo. O ser humano tem condições de desenvolver seu conhecimento e suas competências de forma inconsciente. Na pesquisa em Ciências do Esporte se fala em uma aprendizagem implícita (incidental) em oposição à aprendizagem explícita (formal). O MAIJ segue, nesse sentido, o seguinte princípio de pensamento: "Os jogadores devem aprender a jogar, ainda que eles necessariamente não precisem saber muito"[6] (Hossner, 2000, p. 9, tradução livre).

> Aprendizagem implícita = aprendizagem não direcionada, indireta e não consciente

Esse é considerado o mais importante conceito do modelo. Partindo da ideia de que se aprende de forma implícita, não se deve deduzir que é necessário renunciar às formas de aprendizado consciente, formal, explícito. Isso seria pouco plausível e até contraindicado. O problema, na realidade, não está em escolher entre um e outro, mas sim em construir uma forma de jogo em que um complemento o outro, um ótimo jogo conjunto entre aprendizagem implícita e explícita. Isso também é colocado em outras concepções de ensino para a iniciação, cada dia de forma mais marcante. Rink, French e Tjeerdesma (1996) consideram fundamental repensar a abordagem do TGFU/TAA:

> Nós necessitaremos escolher que estratégias são mais prováveis de serem adquiridas através da experiência do jogo, que estratégias são susceptíveis de obter por meio de projetar o ambiente de ensino (criando tarefas específicas para provocar uma estratégia indireta), e que estratégias nós temos que ensinar mais explicitamente. (Tradução livre)[7]

---

[6] "Players have to learn to play – thus not necessarily need to know a lot."
[7] "We will need to sort out which strategies are likely to be inherent in game experience, which strategies are likely to elicit through environmental design (setting up specific tasks to elicit a strategy indirectly), and which strategies we have to teach more explicitely."

Aquisição de experiências implícitas antes de explícitas

Com a regra do "aprender primeiro de forma implícita e depois explícita/formal", o MAIJ adquire uma mistura específica entre as estratégias metodológicas incidentais e as formais. Os resultados de pesquisas atuais dão poucos indícios de que – como Rink, French e Tjeerdsma (1996) supõem – no respectivo conteúdo do aprendizado estão as competências táticas que devem ser aprendidas. O que aparenta ser decisivo aqui é a sequência das formas de aprendizado. A fórmula "implícita antes de explícita" expressa que os iniciantes devem ter a oportunidade de adquirir, por si próprios, experiências em situações de jogo, antes de serem confrontados com as regras para solucionar essas situações. Dessa forma, pode-se prevenir o risco de os processos seletivos de percepção ou as instruções direcionadas a formas de pensamento tático provocarem limitações à capacidade de pensamento e, assim, limitarem a melhor utilização (*best-use*) da informação.

A terceira decisão metodológica do MAIJ se baseia – quando observado de forma mais cuidadosa – em duas proposições que se constroem e se apoiam de forma mútua:

1. Regras táticas podem ser aprendidas de forma implícita.

2. A sequência efetiva da aprendizagem de regras táticas é "aprendizagem implícita antes de aprendizagem explícita".

Quais são os argumentos teóricos e empíricos que podem justificar essas proposições?

Modelo do controle antecipatório do comportamento

Em relação à primeira proposição, uma explicação teórica para a influência da aprendizagem implícita encontra-se no modelo do controle antecipatório do comportamento formulado por Hoffmann (1993). Kröger e Roth (1999) indicam que essas colocações e afirmativas podem ser transferidas para a aprendizagem de regras de comportamento tático. A aquisição de experiências de forma implícita, por meio do jogo, leva ao desenvolvimento de um "mecanismo de aprendizado autoprovocado" (Hoffmann, 1993, p. 44). Dessa forma, os iniciantes adquirem a segurança e podem antecipar cada vez mais, e de forma mais precisa, os resultados das ações táticas que planejam.

Para que um estilo de aprender de forma implícita realmente "funcione", foi realizada uma série variada de experimentos em diferentes áreas. Em um resumo desses achados, Buchner (1993), por meio do desenho de um "ramo de flores coloridas", relata, de forma exemplar, fenômenos do dia a dia, e de certa forma reacende as ideias sobre o "aprender no sono" e o "aprender sem saber". A metodologia de pesquisa segue princípios que podem ser explicados com base em um exemplo: a aprendizagem de regras gramaticais artificiais. Procura-se comprovar se regras gramaticais podem ser aprendidas a partir do simples uso da linguagem. Para isso, é solicitado às pessoas que memorizem uma determinada sequência de letras. Estas são organizadas com base em regras artificiais da gramática, sem que os participantes da pesquisa saibam sobre elas. São estabelecidas as letras e a sequência em que é permitido que elas apareçam e em quais não. Após uma série – geralmente muito extensa – de repetições e comentários com o voluntário da pesquisa, para ele é uma surpresa que a sequência de letras siga uma regra de gramática artificial. Posteriormente, é apresentada outra série de letras. A tarefa consiste em decidir se essa sequência de letras é permitida ou não (ver um resumo em Reber, 1989). Como resultado consistente, encontrou-se que os voluntários apresentaram uma probabilidade bem maior de acertar a segunda série de forma mais correta. Portanto, eles tinham aprendido a regra sem saber que esse era o objetivo original do experimento. Esse importante resultado explica em parte, ou totalmente, que os voluntários aplicavam a criatividade para descobrir a sequência exata. Em alguns estudos foram inclusive encontradas correlações negativas entre o domínio da regra e a capacidade de verbalizá-la (ver Berry e Broadbent, 1988).

Aprendizagem implícita de gramáticas artificiais

Recentemente, Raab (2000) realizou estudos sobre aprendizagem implícita para regras táticas criando "gramáticas táticas" nos jogos esportivos, com base nas pesquisas citadas anteriormente para a aquisição de regras gramaticais artificiais. Os experimentos foram pré-realizados nas modalidades basquetebol, handebol e voleibol. Uma visão geral dos resultados confirma os achados do modelo do controle antecipatório do comportamento, formulado por Hoffmann (1993), no qual os mecanismos de antecipação do controle melhoram sem que tenha sido organizado um processo específico para tal. Quatro dentre os oito grupos pesquisados sobre aprendizagem implícita obtiveram, no teste final e no teste de retenção, resultados estatisticamente significantes, e dois grupos apresentaram uma tendência de melhoria, ao contrário

Aprendizagem implícita de gramáticas táticas

dos grupos de controle. Além disso, os grupos de aprendizagem implícita com sistemas de regras pouco complexos obtiveram valores melhores na qualidade da tomada de decisão que os grupos treinados no método intencional.

Em relação à segunda proposição, em poucos experimentos foram também comprovados os efeitos da relação recíproca entre as aprendizagens implícita e explícita. Mathews et al. (1989) concluíram nos seus experimentos que a sequência proposta no MAIJ, "implícita antes de explícita", deve ser promovida. Esses autores encontraram que os grupos "de aprendizagem primeiro implícita e depois com processos de busca de regras táticas" obtiveram os melhores resultados de crescimento de aprendizagem. Porém, é necessário apontar que esses resultados precisam de mais pesquisas para comprovar ou esclarecer a melhor combinação de estratégias de aprendizado. Esses estudos são realizados no âmbito do projeto Escola da Bola. Com o pano de fundo dos resultados até hoje encontrados, espera-se que pelo menos a sequência de processos metodológicos se comprove efetiva na formação, como foi colocada neste capítulo, por seu valor e sua importância nesse processo. Objetiva-se o desenvolvimento da flexibilidade, da originalidade e da sequência/adequação do pensamento tático, ou seja, da aplicação da criatividade de crianças e jovens para o jogo. Podem-se observar no Boxe 1.4 as opiniões de atletas criativos que foram retomadas com base no estudo de Hamsen, Greco e Samulski (2000). Conforme a concordância entre as opiniões apresentadas, para se desenvolver a criatividade é importante que as crianças simplesmente joguem e que, em hipótese alguma, sejam colocadas muito cedo para aprender ações táticas de forma "programada ou disciplinada" (Boxe 1.4).

Biografia de "artistas da bola": "jogar de forma livre em vez de realizar programas táticos preestabelecidos"

Boxe 1.4: declarações de jogadores de futebol de seleções brasileiras e alemãs sobre o significado da aprendizagem implícita (Hamsen, Greco e Samulski, 2000)

Tostão (armador; junto com Pelé, uma das lendas do futebol brasileiro. Campeão do mundo em 1970 no México. Médico psiquiatra. Entrevista em 26 mar. 1999)
"Na minha opinião, deve-se deixar as crianças jogarem de forma livre e não se exercer influência sobre elas. Somente depois, em idades mais avançadas, no início da adolescência, se deve iniciar com aspectos relacionados à tática e à disciplina para jogar futebol de forma organizada. Eu acho que essa liberdade das crianças é fundamental para elas desenvolverem sua criatividade e as características necessárias para o jogo criativo, que tanto influencia a forma de jogar do brasileiro. É, portanto, válido desenvolver primeiro a criatividade e depois outras características[...]"

Valdo (armador, jogador da seleção nacional, do Cruzeiro e de outros clubes. Entrevista em 30 mar. 1999)
"Crianças devem ser estimuladas. Deve-se dar a elas a liberdade e não colocá-las, de forma alguma, em programas táticos. Gradativamente, as crianças e os jovens devem ser integrados em um sistema tático, mas sem que percam a liberdade de desenvolver sua capacidade criativa[...]"

Müller (atacante, jogador de definição, atuou na seleção nacional e ganhou dois mundiais pelo SPFC. Entrevista em 08 mar. 1999)
"Com crianças não se deve trabalhar os fundamentos da técnica e da tática, pois elas se encontram em desenvolvimento. Deve-se dar espaço para que elas joguem. Os grandes jogadores do Brasil aprenderam a jogar futebol na praia e não nas escolinhas esportivas. Na minha opinião, é falso o conceito de que se deve treinar sistematicamente o mais cedo possível. Os fundamentos táticos do futebol podem ser aprendidos posteriormente, na idade do júnior[...]"

> *Olaf Thon (líbero e jogador de meio-campo, durante muito tempo jogador da seleção alemã. Entrevista em 22 jan. 1998)*
>
> "Eu começo com a recordação – como se fosse uma foto – de meu avô. Nessas fotos eu sempre estou ao lado dele com uma bola. Meu avô me dava toda a liberdade para eu desenvolver meu potencial. Por isso, pode ser que eu seja um jogador criativo. Ele sempre me deixou brincar com a bola, nunca foi daqueles que se colocava como professor para me ensinar a fazer isto ou aquilo."
>
> *Mehmet Scholl (jogador de meio-campo, durante muito tempo jogador da seleção nacional alemã. Entrevista em 09 fev. 1998)*
>
> "Eu era uma criança muito ativa e, quando tinha uma bola por perto, seja ela qual fosse – de basquete, handebol etc. – eu ficava feliz. Sempre tive diversão, provava coisas novas, nós ficávamos o dia todo jogando um contra um, eu sempre queria driblar, e nunca pensei sobre o jogo[...] Quando criança, ou na adolescência, eu nunca tive interesse por aprender questões táticas – por exemplo, aprender a fazer uma tabela [...]"

Resumo

O problema...

- Criatividade e intuição não pertencem hoje ao rol de qualidade dos jogadores de esportes coletivos alemães. São poucos os talentos com a bola que se observam no universo de atletas na Alemanha. No futuro próximo, pode até ser lida num jornal alemão a manchete: "Bravo, não estamos mesmo saindo do lugar!".

... a causa...

- As causas do problema da falta de talentos no cotidiano do esporte alemão, que poderia ser mencionado, se formula na ausência do jogador de rua, de várzea, como elemento que desenvolve a criatividade. Com o Modelo de Aprendizagem Implícita por meio do Jogo (MAIJ), pode ser oportunizada a aquisição de experiências, como ocorria com o jogador de rua, de várzea de antigamente.

- O MAIJ é composto por três níveis que se constroem entre si: a Escola da Bola Geral, para todos os esportes; a Escola da Bola orientada e direcionada aos esportes; e a Escola da

Bola específica, para a iniciação de cada modalidade. A Escola da Bola para jogos de rede e raquete, junto com a Escola da Bola para jogos de chute e arremesso, figuram no segundo nível desse modelo de formação.

- Os objetivos centrais e os conteúdos podem ser divididos em todos os níveis do MAIJ: a exercitação para superar as exigências nos elementos táticos, nos elementos coordenativos e nos elementos técnicos.

- A filosofia metodológica básica do MAIJ se apoia em três regras sequenciais: "do geral para o específico", "do jogar para o jogar e exercitar" e "da aprendizagem implícita para a aprendizagem explícita".

- Justificativas para essas regras metodológicas resultam de argumentos de pesquisas provenientes da psicologia, da pedagogia, das ciências do movimento, do treinamento esportivo e de uma série de achados empíricos. Elas oferecem a esperança de que uma formação geral, ampla e variada venha representar a base para a formação posterior de jogadores criativos.

- "O talento do ser humano tem sua estação, como as flores e as frutas" (François de la Rochefoucauld, 1613-1680). "Deixe que nos desenvolvamos de forma ampla e variada! As *Rüben*[8] do mercado têm um sabor agradável, e melhor ainda quando misturadas com castanhas. E esses dois frutos nobres crescem muito longe um do outro" (Johann Wolfgang von Goethe, 1749-1832).

... a proposta de solução: o MAIJ!

---

8 N.T.: *Rüben* é um tipo de beterraba. Um vegetal de raiz.

CAPÍTULO 2

Klaus Roth

"... para ser hábil com as mãos e com a raquete"

Introdução

Conceitos nas áreas dos jogos de rede e raquete

Definições e divisões
Objetivos e conteúdos
Sequência de regras básicas da metodologia

Escola da Bola para jogos de rede e raquete: objetivos, conteúdos e método

Escola da Bola para jogos de rede e raquete orientados para situações de jogo

Escola da Bola para jogos de rede e raquete orientados para as capacidades

Escola da Bola para jogos de rede e raquete orientados para as habilidades

Resumo

Introdução

"Questionários aplicados aos jovens comprovam: em algum lugar e em algum momento, os jogadores devem se especializar [...] No caso de uma especialização tardia, pode haver um déficit sensório-motor. Há o desenvolvimento de um amador polivalente, com dúbios interesses... O amor [ao esporte] virará um breve flerte. O resultado: um jogador "borboleta", sempre "voando" sem direção definida." (Hagedorn, 1988, p. 23).

No Modelo de Aprendizagem Implícita por meio do Jogo - MAIJ – iniciam-se os primeiros passos da especialização a partir dos níveis de uma formação direcionada aos jogos de rede e raquete, jogos de chute e jogos de arremesso. Para os jogos e os exercícios no clube ou na escola, o caminho está claramente delineado. Conforme o esporte escolhido, concentram-se os caminhos da transmissão em um dos três pilares do segundo nível do MAIJ. Antes da iniciação no voleibol ou no tênis, por exemplo, deve-se enfatizar os jogos de rede e raquete, assim como no futebol e no treinamento de hóquei deve-se realizar primeiro um trabalho integrativo, uma formação integrativa. Da mesma forma, para o beisebol e o handebol, é necessária uma exercitação geral integrativa dos jogos de arremesso. Essa é a forma com que se desenvolve o conceito da Escola da Bola de Heidelberg.

O MAIJ nos clubes...

O esporte escolar funciona de uma maneira um pouco diferente. A variabilidade e a integração das atividades se constituem não somente em uma metodologia preparatória para o esporte, mas se caracterizam como um objetivo específico independente, próprio. A aula de esportes deve levar os alunos a perceberem suas capacidades e oferecer-lhes a confiança necessária para a prática de atividades físicas e esportivas no amplo mundo do esporte: no lugar da preposição "ou" entra a preposição "e". Em relação a uma carreira esportiva, deve-se considerar uma formação ampla, variada em todas as áreas, ou seja, considerar jogos de rede e raquete, de arremesso e de chute. Essa forma de transferência dos conceitos básicos dessas modalidades permite uma excelente ajuda e apoio no futuro, uma clara orientação para os alunos, e permite ser um agente para a superação dos problemas de tempo que sempre são citados nos planos ou diretrizes curriculares em relação ao "grande número de esportes presentes nos planos curriculares" (Medler e Schuster, 1996, p. 9). Essa orientação também

...e na escola

auxilia na elaboração do plano de aulas para os esportes. Por outro lado, a sistemática das três áreas dos esportes constrói uma base sólida para a decisão posterior sobre o esporte em que o aluno deverá aprofundar suas atividades. Werner e Almond (1990, p. 23) exigem do esporte escolar "um programa de esportes bem balanceado", ou seja, seguindo essa ideia chega-se quase ao terceiro nível do MAIJ – e seus três níveis devem ser equilibrados na sua apresentação e desenvolvimento.

Não existe uma sequência temporal fixa que siga a lógica filosófica da proposta "entre e dentro" dos grupos de esportes. Ou seja, não é necessário pensar em trabalhar primeiro os jogos de arremesso, depois os de rede e raquete etc. Aqui auxiliam as conhecidas formas metodológicas "do fácil para o difícil", bem como "do simples para o complexo". A tentativa de aplicar essas regras significa que é nos diferentes grupos, ou mesmo dentro de uma modalidade no grupo, que se deve considerar uma sequência com os devidos cuidados metodológicos. Isso é possível, mas com várias limitações. Mesmo que sempre sejam colocados pontos de vista pessoais e sequências pré-elaboradas sejam apresentadas, deve-se observar a evolução do processo do geral para o específico. Curtner-Smith (1996, p. 34), Werner, Thorpe e Bunker (1996, p. 30), por exemplo, com base no conceito do "ensino dos jogos pela compreensão" (TGFU), propõem que sejam oferecidos jogos ou atividades no contexto dos esportes com "objetivo/alvo" (*target*) e "parede/rede" (*net/wallgames*), antes de jogos de "corrida" (*fielding/run-scoring*) e jogos de "invasão" (*invasiongames*). Por sua vez, Meis (2001) coloca como importante o caminho "com a mão antes da raquete". Esse tipo de conselho, lamentavelmente, não apresenta uma comprovação empírica, e só poderia apresentá-la com base na afirmação de Curtner-Smith (1996) de que a progressão se apoia na ideia ou no critério de dificuldade tática desses jogos, o que sugere, então, uma sequência. Realizar uma análise do perfil de exigências sensório--motoras dos diferentes grupos de modalidades esportivas poderia resultar em uma sequência de dificuldades praticamente inversa. No contexto geral, deve-se, portanto, deixar para o professor, com base nos critérios de conhecimento do seu grupo e nas competências dos alunos, bem como no seu nível de rendimento e de interesse, a tarefa de estabelecer uma sequência adequada de jogos por áreas.

Para a sequência dos grupos de esportes e das modalidades específicas, há uma única regra de ouro: "não existe regra de ouro!"

Conceitos na área de jogos de rede e raquete

Definições e divisões
Os aspectos semelhantes entre jogos de "rede/parede" (*net/wall*), jogos de rede (*net*) e jogos de quadra (*court-games*), ou seja, os elementos constitutivos dos esportes de rede e raquete são discutidos na literatura das ciências dos esportes há mais de vinte anos. A definição de Werner e Almond (1990, p. 25) pode ser considerada como uma caracterização terminológica típica no âmbito dos ensaios do TGFU/TAA:

> Jogos de rede/parede incluem aqueles em que as equipes são divididas por uma rede ou em que a parede funciona como adversário. Diferentemente dos "jogos de invasão", nos quais o território é invadido, os jogos de rede/parede têm características e estratégias nas quais os jogadores ganham uma vantagem ofensiva quando colocam objetos no campo de forma que seu adversário ou oponente não possa fazer o retorno. Subcategorias de jogos de rede/parede podem utilizar um instrumento ou uma das mãos.

Definição: jogos de rede/parede

Na literatura em língua alemã se encontram praticamente as mesmas definições. A seguinte definição, com o mesmo sentido, encontra-se em Bremer (1981a, 1981b), Medler e Schuster (1996), Adolph e Hönl (1998), bem como no relatório final do "Simpósio da Comissão de Tênis" (do colégio alemão de Ciências do Esporte) do ano de 1997 (Hoffman e Koch, 1997).

> Os aspectos comuns dos jogos de rede e raquete podem ser resumidas pelas palavras *Rück* ("devolver" em alemão) e *Schlag* ("golpear/rebater" em alemão). A primeira palavra indica que um determinado objeto (bola, pena, peteca etc.), comum entre duas equipes, deve ser jogado de um lado a outro. A segunda palavra esclarece que não se chega a ter claramente uma "posse" do objeto. É característico um curto contato com a mão ou com o objeto de rebatida. O objetivo consiste em fazer que o objeto do jogo chegue ao campo contrário ou em golpeá-lo contra uma parede, de forma que volte ao campo, para que o adversário não possa devolvê-lo adequadamente ou conforme as regras.

Definição: jogos de rede e raquete

Sugere-se uma série de critérios de diferenciação dos jogos de rede e raquete. Consideram-se, particularmente, a quantidade de jogadores, jogos de um campo (parede) e dois campos (rede, linha) jogadores, bem como a quantidade de contatos. Os jogos de um contato, nos quais cada vez que o jogador tem contato com o objeto do jogo, passa a ter o direito de golpear outro jogador/grupo. São jogados na forma "single" (individual) ou "double" (duplas). Nos jogos em que se permite mais de um contato, pode haver no máximo até três contatos (voleibol). Nesses jogos, joga-se com a mão, e há equipes com no mínimo dois jogadores.

No Quadro 2.1 são descritos os jogos de rede e raquete, conforme os critérios de divisão do campo e da quantidade de contatos com a bola ou objeto do jogo, mencionados anteriormente. O que se destaca no quadro é que não existem jogos de apenas um campo e jogos de rede e raquete com mais de um contato.

Quadro 2.1: classificação dos jogos de rede e raquete (R = raquete, M = mão)

Sistemática dos jogos de rede e raquete

	Um contato	Mais de um contato
Um campo (parede)	*Squash* (R) *Racketball* (R) *Paddleball* (R) *Jai alai* (R) Handebol americano (M) *Fives* (M)	
Dois campos (rede, linha)	*Badminton* (R) Tênis (R) Tênis de mesa (R) *Paddle-tennis* *Plattform-tennis* (R) *Pickle-ball* (R)	Voleibol (M) Vôlei de praia (M) Punhobol (M) *Prellball* (M) *Indiaca* (M)

Objetivos e conteúdos

Conceitos metodológicos para os jogos de rede e raquete foram desenvolvidos para os diferentes campos de aplicação do rendimento esportivo. Já existem metodologias de ensino comprovadas para o esporte escolar, para a iniciação em clubes, para o esporte universitário e, inclusive, para a formação de professores. Analisando os objetivos e conteúdos relatados, podem ser consideradas duas categorias. Ao primeiro grupo pertencem abordagens às quais podem ser ligados diferentes objetivos e conteúdos, assim como no segundo nível do MAIJ. São destacadas as semelhanças táticas, coordenativas e técnicas dos jogos da família dos esportes de rede e raquete. No segundo grupo, pelo contrário, já é enfatizado o treinamento da modalidade, ou seja, considera-se a modalidade isoladamente.

No contexto das duas categorias citadas, existem publicações nas quais se afirma que "as semelhanças estruturais nos jogos de rede e raquete não podem ser encontradas no nível das habilidades sensório-motoras" (Pfister, 1981, p. 11). Elas são reconhecidas no processo intermediário de regulação da ação (ver Bremer, 1981a, 1981b; Medler e Schuster, 1996). No Quadro 2.2 são esclarecidas quais as tarefas e as possibilidades de soluções que os autores da primeira categoria consideram importantes. A comprovação de objetivos e conteúdos comuns é justificada de formas variadas pelos autores. Bremer (1981a, 1981b) apoia-se no modelo de ensino-aprendizagem de Galperin (1973); Hobusch e Kirchgässner (1997) argumentam com base nas concepções da psicologia da atividade e da ação; e Schock (1997) adota uma posição indutiva com base na teoria das capacidades. Pelo menos nos detalhes, o resultado demonstra – de forma não surpreendente – que as características gerais das capacidades e da competência de solução dos jogos de rede e raquete diferem umas das outras. Entretanto, é difícil comparar essas capacidades, devido ao uso de termos específicos e à escolha de diversos níveis de abstração.

Conceitos de jogos de rede e raquete para diferentes objetivos e conteúdos

Quadro 2.2: conceito dos jogos de rede e raquete: objetivos e conteúdos comuns nas diferentes áreas do treinamento

Autores	Objetivos e conteúdos
Bremer (1981 b) Medler e Schuster (1996) Adolph e Hönl (1998)	• Capacidade de cálculo ótico-motor ou visão-motor • Capacidade de antecipação • Capacidade de coordenação • Capacidade de regulação • Capacidade de adaptação • Flexibilidade
Hobusch e Kirchgässner (1997)	• Cálculo de probabilidade de êxito • Produzir situações que levem ao sucesso • Tomada de decisão adequada à situação • Capacidades coordenativas • Leitura do golpe • Antecipação do ponto de contato • ...
Nagel (1997) Nagel, Gloy e Kleipoedszus (1997)	• Impulso da bola (golpes) • Impulso negativo da bola (*stops*) • Domínio do espaço • Domínio do objeto

Objetivos e conteúdos

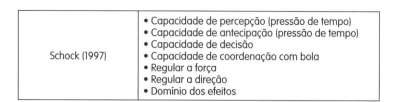

Schock (1997)	• Capacidade de percepção (pressão de tempo) • Capacidade de antecipação (pressão de tempo) • Capacidade de decisão • Capacidade de coordenação com bola • Regular a força • Regular a direção • Domínio dos efeitos

Analogias com o MAIJ

Do ponto de vista do MAIJ, observa-se uma série de "soluções" quando confrontamos o Quadro 2.2 e os objetivos e conteúdos citados nos elementos táticos, coordenativos e técnicos apresentados na Escola da Bola.

A tarefa "calcular a probabilidade de êxito" (Hobusch e Kirchgässner, 1997), por exemplo, corresponde claramente ao elemento tático presente na proposta do MAIJ denominada "acertar o alvo". "Capacidade de regulação e adaptação" e "flexibilidade" (Bremer, 1981b) correspondem aos elementos coordenativos "pressão de precisão" e "pressão de variabilidade", enquanto "regular a força" e "regular a direção" (Schock, 1997) correspondem aos elementos técnicos "regular a aplicação da força" e "controlar os ângulos". O que se deve observar é que, além das capacidades comuns gerais, alguns autores descrevem, também, elementos presentes nas exigências condicionais, psíquicas e cognitivas (comparar Hobusch e Kirchgässner, 1997; Schock, 1997).

Conceitos dos jogos de rede e raquete para cada área de objetivos e conteúdos

As publicações da segunda categoria são, claramente, maioria. O Quadro 2.3 apresenta uma seleção de contribuições importantes nas áreas de treinamento tático, coordenativo, técnico ou físico. Essa seleção não pode ser considerada representativa e tampouco completa. Em relação às generalidades comuns da tática nos jogos de rede e raquete, encontram-se, particularmente, publicações em língua inglesa. Griffin (1996), bem como Griffin, Mitchell e Oslin (1997) denominam de aspectos táticos gerais as tarefas:

"setting up to attack"[1], "winning the point"[2] e "attacking as a team/pair"[3], como nos jogos de contato em duplas. Esses autores ordenam essas quatro formas específicas nos conceitos: "off-the-ball-movements"[4] e "on-the-ball-skills"[5].

...Tática...

Quadro 2.3: Conceito dos jogos de rede e raquete: objetivos e conteúdos comuns em cada área de treinamento

Área de Treinamento	Autores	Objetivos e conteúdos
Tática	Griffin (1996) Griffin, Mitchell e Oslin (1997)	• Preparação para o ataque (*setting up to attack*) • Ganhando o ponto (*winning the point*) • Atacando como um time/dupla (*attacking as a team/pair*) • Defendendo o espaço na própria quadra ou campo (*defending space on own court*) • Defendendo contra um ataque (*defending against an attack*) • Defendendo como um time/dupla (*defending as a team/pair*)
Coordenação	Schneider (1997)	• Capacidade de orientação • Capacidade de diferenciação • Capacidade de equilíbrio • Capacidade de reação • Capacidade de ritmo
Técnica	Koch (1997) Hossner (1997)	• Regulação das distâncias • *Timing* • Controle de bola • 24 elementos técnicos
Condição Física	Kollath e Maier (1997)	• Capacidade de resistência aeróbica • Capacidade de partida/aceleração • Capacidade de antecipação e reação • Velocidade de corrida e de golpe (rebatida)

---

1 N.T.: os termos foram mantidos conforme o original. *Setting up the point* compreende-se como a preparação para conclusão/finalização do ponto. Tal ação seria semelhante à tarefa de "Acertar o Alvo".
2 N.T.: *Winning the point* compreende-se como o momento em que o atleta realiza uma ação para fechar/finalizar o ponto.
3 N.T.: *Attacking as a team/pair* compreende-se como uma ação da dupla para alcançar o objetivo, que é realizar o ponto. Tal ação é semelhante à tarefa de "jogo em conjunto".
4 N.T.: *Off-the-ball-movements* compreende-se como a capacidade de desempenhar ações sem estar em contato com o objeto de jogo (bola, peteca, pena etc.), como, por exemplo, nas corridas e nos deslocamentos laterais. São os movimentos preparatórios antes da rebatida.
5 N.T.: *On-the-ball-skills* é a capacidade de desempenhar ações quando se tem a posse do objeto de jogo (bola, peteca etc.).

...Coordenação...

...Técnica

Na área das capacidades coordenativas, a maioria dos autores da literatura de esportes de rede e raquete se apoia no modelo das capacidades coordenativas básicas, estruturado por Hirtz (1985) (ver, entre outros, Schneider, 1997). Na área das capacidades coordenativas, as capacidades de regulação da distância, de controle da bola e de *timing*, formuladas por Koch (1997), correspondem à sistemática e aos conteúdos apresentados no MAIJ, mas com um caráter de competência necessária para a solução de tarefas desse tipo, que são descritas nos elementos técnicos. Os mesmos poderiam preencher o grupo com as atividades orientadas para o desenvolvimento das habilidades técnicas, conforme postuladas por Hossner (1997) – de forma teórica e depois comprovadas empiricamente.

Sequência de regras metodológicas básicas

Uma observação nas concepções metodológicas mais conhecidas dentro dos esportes de rede e raquete descritas no Capítulo 1 oferece um dos quadros já esperados em relação à sequência das regras metodológicas. As duas primeiras regras do MAIJ, "do geral para o específico" e "do jogar para o jogar e exercitar" são, em quase todos os modelos publicados, elementos centrais do processo de transmissão de conhecimento. Já no caso da terceira regra metodológica, não se encontram as mesmas semelhanças e não existe uma consonância conceitual. Nas abordagens relacionadas aos jogos de rede e raquete são buscadas diferentes formas de influência do conjunto de processos de aprendizagem implícita para aprendizagem explícita.

Primeira regra do MAIJ: maior concordância!

Encontram-se nos modelos de ensino dos jogos de rede e raquete, ou em uma parte deles, os conceitos integrativos "do geral para o específico" e quase uma evidência da "natureza dos jogos". Por exemplo, Bremer, Pfister e Weinberg (1981) diferenciam as fases que se constroem de forma sequencial em "esportes orientados para o jogo", "parte do esporte apoiado em estruturas semelhantes ao jogo" e "esportes orientados para a modalidade". Medler e Schuster (1996) e Schock (1997) descrevem estruturas muito próximas, que podem ser comparadas também em um modelo de três níveis. Schock (1997, p. 64) delimita os níveis de ensino em "capacidades básicas da arte da bola", "capacidades básicas integrativas dos esportes" e "capacidades específicas das modalidades". Porém, Kröner (1982) e Nagel (1997) não se apoiam em um modelo de pensamento hierárquico em fases. Kröner

(1982, p. 12) sugere conteúdos resumidos de esportes abertos e esportes fechados que devem ser apresentados em paralelo. Para Nagel, Gloy e Kleipoedszus (1997, p. 203), a ideia de se trabalhar com uma rede de conexões dos aspectos gerais dos esportes de rede e raquete pode ser concretizada na forma de variações de jogos oferecidos com frequência ou em um determinado período nas aulas. Nesse caso, os autores recomendam que seja dedicado um espaço de tempo específico aos esportes de rede e raquete nas aulas e na formação de base na escola.

Existe uma concordância plena em relação à concepção de que "jogar faz o campeão". Para Bremer (1981b), esse princípio é mais do que geral e tem um percurso de fundamental importância na iniciação em cada uma das modalidades esportivas. Como no modelo de "ensino pela compreensão" (TGFU), solicita-se que o ponto de início para todo processo de aprendizagem seja sempre a partir de situações de jogo, com base nas quais se desenvolve a metodologia. O apelo por "jogar antes de jogar e exercitar" está presente em autores como Kröner (1982); Fensky (1989); Griffin (1996); Medler e Schuster (1996), bem como em Schock (1997).

Segunda regra do MAIJ: aprovação e concordância de vários autores

O ponto onde não se encontra uma concordância tão ampla e definida com a proposta do MAIJ relaciona-se com a regra "da aprendizagem implícita para a aprendizagem explícita". Isso acontece porque, por um lado, esse conceito não é explicitado pelos outros autores de forma clara. Em que fases os processos de aprendizado inconsciente e os de aprendizado consciente devem ser oportunizados? Outra questão: o quanto estes são importantes? Por outro lado, são desenvolvidas diferentes sequências de ensino-aprendizagem. Pfister (1981), Griffin (1996) e Schock (1997) colocam os processos explícitos formais primeiro como estratégias de transmissão de conhecimento. Conforme a concepção desses autores, a aquisição de capacidades no plano médio da regulação da ação deve ser, no início, consciente do processo de aprendizado e de aquisição de experiências, antes de se desenvolver as competências de forma inconsciente (Pfister, 1981, p.12; Schock, 1997, p. 165). Também no próprio ato de jogar se dá ênfase ao conceito de se realizar ações de forma consciente. Na mesma direção, ao exigir "reflexões das experiências de jogo em conversas em grupo", Kröner (1982, p.12) argumenta que essas reflexões estão direcionadas também aos aspectos sociais e de organização do jogo.

Terceira regra do MAIJ: concordância individual

Argumentos para o acúmulo de experiência de forma livre e sem direcionamento – no sentido da terceira regra do MAIJ – podem ser encontrados em Fensky (1989, p. 408) e, indiretamente, na abordagem do "método indutivo de tarefa", de Nagel, Gloy e Kleipoedszus (1997, p. 204). Para Fensky (1989, p. 409), é válido o seguinte princípio: "deixar jogar; não interromper durante um período de tempo; não interromper para modificar o jogo sob uma perspectiva de objetivo que o professor tenha em mente". É interessante notar que Fensky (1989) justifica a utilização desse método com um dos objetivos propostos pelo MAIJ, que é o desenvolvimento precoce da criatividade.

Escola da Bola para jogos de rede e raquete: objetivos, conteúdos e método

A Escola da Bola para jogos de rede e raquete – como já deve ter ficado claro – tem certas diferenças de pensamento em relação aos modelos de ensino-aprendizagem tradicionais. Não há um conceito idêntico a ambas, como gêmeos; há diferenças e semelhanças. O MAIJ compartilha de várias decisões no que se refere a objetivos, conteúdos e plano metodológico, mas as coincidências e semelhanças não são totais e permanentes em relação às propostas que se encontram na literatura. Portanto, surge a pergunta: o que é conhecido e o que a Escola da Bola traz como novidade em sua proposta?

Aspectos gerais de todos os conceitos metodológicos dos jogos de rede e raquete

Conhecido e comum em todos os conceitos e propostas metodológicas de ensino dos esportes é o pensamento básico de que, apesar de se ter, em princípio, a totalidade, a globalidade (Schock, 1997) ou o pensamento da orientação para a atividade (conforme a psicologia das teorias da atividade) (Bremer, Pfister e Weinberg, 1981; Hobusch e Kirchgässner, 1997), na aula de Educação Física e no treinamento esportivo sempre se terá alguns conteúdos da formação que serão filtrados e enfatizados. Não é possível se ter permanentemente o método da totalidade em pleno vigor e não faria muito sentido fazer isso. Em princípio, existe concordância de que os conteúdos mais importantes em uma formação nos esportes de rede e raquete não devem ser direcionados aos modelos ideais da técnica específica da modalidade, e sim à busca de competências para solucionar de forma geral as situações de jogo. Finalmente, na área da metodologia, a segunda regra do MAIJ, "do jogar para o jogar e exercitar", tem apresentado uma aprovação unitária. Pelo contrário, em alguns conceitos metodológicos para o ensino dos jogos de rede e raquete se encontra nos conteúdos um equilíbrio entre as propostas relacionadas a melhorar os aspectos táticos, coordenativos e técnicos. No plano do método, encontram-se diferentes opiniões em relação à regra "do geral para o específico" e do conceito "da aprendizagem implícita para a aprendizagem explícita". Para a primeira regra metodológica se pode observar a existência de uma "maioria absoluta"; para a segunda regra, proposta neste livro, já se tem a característica de uma "opinião solitária", ou de uma minoria.

Aspectos gerais e comuns de algumas partes dos conceitos metodológicos dos jogos de rede e raquete

O que há de novo na Escola da Bola está no Capítulo 1 e no plano de ensino formulado por Kröger e Roth (1999), de forma ampla. Como forma de recordação, as palavras-chave da proposta do MAIJ estão no conteúdo dos denominados elementos, bem como em um conceito metodológico que sugere uma filosofia de passos e níveis interarticulados. Particularmente no que se refere à palavra-chave elemento, na descrição da Escola da Bola para jogos de rede e raquete se observa novamente que ela é direcionada a essas modalidades. Ou seja, do ponto de vista do perfil de exigências presentes nos jogos de rede e raquete, parte-se acentuadamente de uma série de elementos táticos, coordenativos e técnicos (Boxes 1.1 a 1.3, no Capítulo 1). O objetivo é deixar de lado aqueles que não forem importantes para a formação. Os elementos devem ter um peso, e com o tempo, podem até ser integrados a outros, quando as características dos jogos mudarem. Nessas reflexões é que se tem a ênfase metodológica. Paralelamente, também é aplicada a filosofia de base da metodologia do MAIJ, no âmbito dos três pilares: a orientação para o jogo e as situações de jogo, a orientação para o desenvolvimento das capacidades e a orientação para o desenvolvimento das habilidades que devem ser tematizadas.

Particularidades do MAIJ

Jogos de rede e raquete orientados para situações de jogo: elementos táticos
O procedimento de aprendizagem implícita (A) está no início do processo, no centro da metodologia e das atividades a serem

A: O jogar na Escola da Bola para jogos de rede e raquete

Jogos de rede e raquete orientados para situações de jogo

Conteúdos da formação: questionário e entrevistas com peritos sobre o significado dos elementos táticos gerais dos jogos de rede e raquete

propostas na Escola da Bola para jogos de rede e aquete. A regra válida na metodologia consiste em "do jogar para o jogar e exercitar". O objetivo central desse conceito está relacionado à ideia de se desenvolver uma espécie de "capacidade de jogar com a raquete".

Para o plano de ensino que será apresentado no Capítulo 3, são considerados como conteúdos seis elementos táticos que foram comprovados em relação a seu valor e posição no conjunto do perfil de exigências dos jogos de rede e raquete. Para responder a essa questão, de como deveria ser a ênfase nos elementos táticos na Escola da Bola para jogos de rede e raquete, Memmert e Roth (2001) realizaram uma investigação científica com peritos (n_{total} = 25, sendo 8 mulheres e 17 homens) nos esportes voleibol (n=4), vôlei de praia (n=8), *badminton* (n=3), *squash* (n=4), tênis (n=3) e tênis de mesa (n=3). Foram entrevistados 9 treinadores da liga nacional, 14 treinadores com licenças A ou B e dois professores universitários das modalidades de rede e raquete. Em um primeiro momento, foi solicitado aos especialistas que classificassem cada um dos elementos táticos da modalidade, considerando seu significado para a área dos jogos de rede e raquete, em uma escala de 1 (sem significado) a 6 (muito significativo). Em um segundo momento, para se ter controle sobre as questões e verificar a veracidade do pensamento dos entrevistados, foi solicitado que os peritos colocassem esses elementos em uma sequência de importância (1=muito importante / 6=pouquíssimo importante – Questão 7).

O Gráfico 2.1 mostra os resultados da pesquisa realizada com os peritos. Os elementos táticos são organizados conforme os valores médios do significado outorgado a cada um deles nas perguntas de 1 a 6, ordenadas de cima para baixo (do maior ao menor valor). Entre parênteses se encontram os valores do desvio padrão. Esses valores oferecem a cada um dos elementos táticos seu significado e importância, e indicam se os mesmos não foram unanimidade.

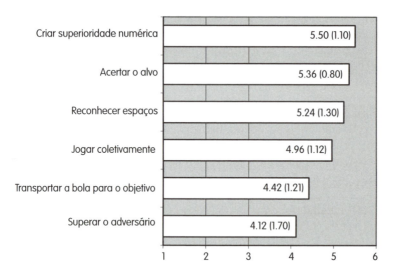

Gráfico 2.1: Apreciação e avaliação do significado dos elementos táticos para a área dos jogos de rede e raquete

O primeiro aspecto importante encontrado na pesquisa consiste em que todos os resultados médios dos elementos táticos apresentados no Gráfico 2.1 tiveram valores maiores que 4.0 (ou seja, com significância).

Considera-se uma posição especial os valores acima de 5.0 (alto significado) para um dos elementos táticos, como foi o caso de "criar superioridade numérica", "acertar o alvo" e "reconhecer espaços". No caso do elemento "criar superioridade numérica", os peritos analisaram as definições originais, que eram: "tirar vantagem tática" e "capacidade de orientação". Comprovou-se que os altos valores na escala em relação ao significado desse elemento nos jogos de rede e raquete se relaciona com o conceito da "capacidade de orientação" (tarefas nas quais o importante é, no momento certo, obter uma posição ótima no campo de jogo).

O segundo resultado importante se relaciona com a confiabilidade e consistência dos juízos realizados pelos peritos. A correlação que apresentou seus pontos nos valores das médias do significado nas perguntas 1 a 6 e os valores das

Conteúdos da formação: seleção...

médias nos enquadramentos dos elementos pelo seu significado na pergunta de controle (Questão 7), foi de r=0.76. Isso indica uma aceitação confiável nas avaliações. A dispersão e, portanto, a diferença nas apreciações são – com uma exceção – consideradas como muito pequenas. Se fizermos uma relação entre o desvio-padrão e as médias aritméticas (coeficiente de variabilidade = 100 x desvio-padrão / média), teremos como resultado valores entre 15 e 27%. A exceção citada é o elemento "superar o adversário", com 41%. Nesse elemento, obtiveram-se os valores da média mais baixos na média do significado (4.12); ele foi classificado por 60% dos peritos em último lugar na Questão 7. Com esse pano de fundo – e também considerando as reflexões sobre outras possibilidades – se deixa de pensar ou considerar esse elemento tático "superar o adversário", na Escola da Bola para jogos de rede e raquete.

... e peso atribuído

A construção dos jogos no Capítulo 3 baseia-se, assim, em cinco elementos táticos que se desprendem do peso que tiveram no resultado da pesquisa com os especialistas (ver Gráfico 2.1). Devem ser dedicados a essas formas de jogo orientadas para as situações de jogo, aproximadamente, 70 a 80% do tempo de aula. Isso ocorre para que os elementos táticos representem o pilar "A" do processo de iniciação esportiva. Para o resto do tempo, recomenda-se que se realizem jogos com os pés, de pontaria/ arremesso ou com as mãos. Dessa forma, seriam complementados os 20% a 30% do tempo restante no pilar "A".

O método do "deixar jogar"

O trabalho metodológico com todos os jogos sugeridos para aplicar na Escola da Bola para jogos de rede e raquete segue a terceira regra básica do MAIJ: "da aprendizagem implícita para a aprendizagem explícita". A regra expressa o "deixar jogar"; as crianças devem adquirir experiências de movimento de forma autônoma nas diferentes exigências e classes de exigências dos elementos táticos. A opção por um aprendizado implícito, por meio da melhoria do conhecimento tático convergente, ganha sentido somente em passos posteriores do processo de formação.

Resumo

No jogos de rede e raquete orientados para as situações de jogo (A) se objetiva, principalmente, a mediação de uma capacidade de jogo direcionada a esses esportes, bem como o desenvolvimento de uma competência básica relacionada a seus aspectos táticos (objetivos). São oferecidas formas de jogo, que na sua maioria são desenvolvidas para oportunizar o conhecimento dos cinco elementos táticos básicos (conteúdos). Esses jogos devem ser oferecidos de modo a simplesmente deixar os iniciantes jogá-los. A aquisição implícita de experiências, quanto à sua posição e seu peso, vem antes do ensino explícito e tático (método).

Jogos de rede e raquete orientados para as capacidades: elementos coordenativos

Para o treinamento da "inteligência sensório-motora" (objetivo), são apresentados e formulados na Escola da Bola para jogos de rede e raquete os conteúdos relacionados ao desenvolvimento das capacidades "B", ou seja, os conteúdos de formação relacionados aos elementos coordenativos, de grande importância segundo o perfil de exigência presente nessas modalidades.

B: o conceito relacionado às capacidades na Escola da Bola

O Gráfico 2.2 ilustra as opiniões dos especialistas nos esportes voleibol, vôlei de praia, *badminton*, *squash*, tênis e tênis de mesa quando questionados sobre o valor, a posição e a relação destes com as capacidades táticas (Memmert e Roth, 2001).

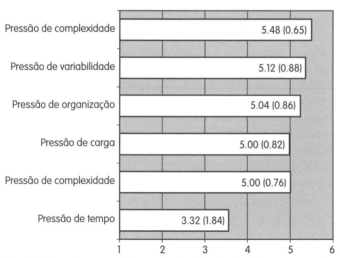

Gráfico 2.2: Apreciação e avaliação do significado dos elementos coordenativos para a área dos jogos de rede e raquete

Conteúdos da formação: resultados das pesquisas com peritos

Em relação aos elementos coordenativos, não se supôs de antemão que as exigências ou condicionantes de pressão para os jogos de rede e raquete da Escola da Bola não tivessem significado de forma isolada e, por isso, poderiam ser desconsiderados. Essa expectativa não foi confirmada, como pode ser observado nas respostas das perguntas de 1 a 6. Os resultados apontam que a média do "significado" de cinco dos seis elementos foi maior ou igual a 5.0 (significado alto), com exceção do elemento coordenativo "pressão de tempo", o qual obteve, surpreendentemente, um valor baixo (3.3). Mas esse parâmetro não foi descartado por dois motivos. Primeiramente, porque em todas as análises das exigências na área dos jogos de rede e raquete enfatiza-se a alta velocidade do jogo (ver Hobusch e Kirchgässner, 1997, p. 10). Como segundo argumento – e ainda mais importante –, os peritos se sentiram inseguros em suas avaliações relacionadas com o elemento "pressão de tempo". Isso pode ser comprovado por meio do coeficiente de variabilidade de 55,4% desse elemento, enquanto os outros coeficientes variaram entre 11,9% e 17,2%, e também por meio da pergunta de controle (7), na qual o elemento "pressão de tempo" obteve o segundo lugar no ranking de importância. Dessa forma, a validade foi considerada totalmente insatisfatória, com r=0,10. Se a validade for calculada sem o elemento "pressão de tempo", o valor de "r" passa a ser 0,96, classificado como totalmente satisfatório.

Conteúdos da formação: importância

Nos exercícios formulados no Capítulo 4 – no plano de ensino para as capacidades na Escola da Bola para jogos de rede e raquete – serão, portanto, considerados os seis elementos coordenativos. Nesse caso, a pesquisa com os especialistas será considerada não como um processo de seleção de elementos, e sim de valorização para outorgar importância aos elementos coordenativos. Assim como no uso dos elementos táticos, apresenta-se como importante ponto a ser considerado no desenvolvimento das capacidades que 70 a 80% do tempo de treinamento desse conteúdo (capacidades coordenativas) seja direcionado a atividades específicas. Os 20 a 30% restantes devem ser dedicados a atividades de coordenação com bola, do tipo geral, integrativo, com a introdução de exercícios com o pé, o bastão de hóquei, com a mão etc.

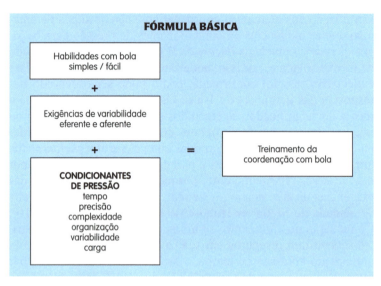

Figura 2.1: Fórmula básica para o treinamento da coordenação na área dos esportes de rede e raquete.

A "receita básica" da metodologia para a área-alvo "B" da Escola da Bola pode ser analisada com base na Figura 2.1. Os "ingredientes" são as habilidades com bola que as crianças dominam de forma estável; particularmente, os movimentos elementares devem ser empregados. Estes servem como parte construtiva ou como formas prévias das técnicas específicas de movimentos nos jogos de rede e raquete. Devem ser "temperados" de forma geral, ampla, integrativa, com os elementos de recepção de informação.

Nos jogos de rede e raquete orientados para as capacidades (B) visa-se uma melhoria direcionada da coordenação com bola (objetivo). Para tanto, são oferecidos exercícios que, na sua maioria, são construídos com base nos elementos coordenativos (conteúdo). Sua configuração segue a seguinte fórmula básica: habilidades simples com bola dos jogos de rede e raquete + variabilidade + condicionantes de pressão (método).

Resumo

Conteúdos da formação: complementação

Jogos de rede e raquete orientados para as habilidades: elementos técnicos

A orientação para as habilidades no pilar "C" representa um dos elementos teóricos mais novos e menos conhecidos na metodologia dos jogos de rede e raquete na Escola da Bola. O que se almeja é o exercício de competências comuns na solução de diferentes conteúdos sensório-motores, que podem ser construídas nas diferentes técnicas dos esportes de rede e raquete (fixação de objetivos). A lista de oito habilidades técnicas compreende os conteúdos a serem desenvolvidos na formação para um conceito integrativo da Escola da Bola, e com a pesquisa realizada com os peritos foi consolidado mais esse elemento. Assim, é incorporado, com base na primeira experiência da Escola da Bola de Heidelberg e nas reflexões de Hossner (1997), o elemento "manter o olho na bola" (= tarefas sensório-motoras nas quais se objetiva, de forma continuada, observar e perceber o trajeto da bola no tempo e no espaço).

Resultado da pesquisa com os especialistas

Os resultados da pesquisa de Memmert e Roth (2001) trouxeram uma confirmação do significado dos nove elementos técnicos da Escola da Bola para jogos de rede e raquete. No Gráfico 2.3 estão descritos os resultados da pesquisa realizada. O que deve ser destacado é que sete dos nove elementos técnicos obtiveram pontuação na média da escala acima de 5.0 pontos ("alto significado") e baixo desvio-padrão. Também as duas tarefas sensório-motoras "antecipar a posição defensiva" e "observar os deslocamentos" obtiveram, em média, os valores 4.80 e 4.96, considerados valores altos. A confiabilidade da oscilação dos peritos está em um valor de r=0.89, ou seja, consiste em um valor muito alto.

"... para ser hábil com as mãos e com a raquete"

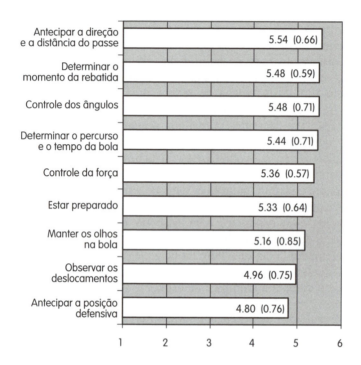

Gráfico 2.3: Cálculo do significado dos elementos técnicos para a área dos jogos de rede e raquete.

Para o plano curricular, no Capítulo 5, deve-se observar que todas as habilidades técnicas – que apresentam pouca diferença em sua importância – devem ser incorporadas como conteúdos no processo de ensino-aprendizagem. Nos princípios metodológicos se misturam as duas analogias nos pilares "A" e "B". Nesse momento do processo, em vez do "deixar jogar", deve-se priorizar o "deixar exercitar" para, desse modo, desenvolver a competência de soluções nos elementos técnicos de forma semelhante à apresentada nas capacidades coordenativas com bola, de forma integrativa – ou seja, unindo diferentes habilidades elementares dos jogos de rede e raquete.

Conteúdos da formação: importância

Metodologia "deixar exercitar"

Resumo

Resumo

Os jogos de rede e raquete orientados para as habilidades (C) estão relacionados com o ensino dos jogos esportivos direcionados aos objetivos não específicos, associados aos aspectos sensório-motores. Nessa área são oferecidas formas de exercícios, os quais são construídos com base nos novos elementos de habilidades técnicas gerais (conteúdos). O treinamento dessas competências de solução de tarefas segue o princípio "deixar exercitar", envolvendo técnicas simples e variados contextos situacionais (método).

Resumo

Conceitos tradicionais nos jogos de rede e raquete: aspectos comuns

- As publicações na área dos jogos de rede e raquete nas diferentes concepções teóricas apresentam alguns aspectos comuns. Como aspectos centrais nos conteúdos para a formação, considera-se menos as técnicas específicas das modalidades do que as capacidades gerais e integrativas que possibilitam adequadas competências para solucionar tarefas motoras.

...E diferenças

- Na visão do Modelo de Aprendizagem Implícita por meio do Jogo (MAIJ), experimentam-se as três regras da sequência metodológica (ABC) em diferentes níveis de aprovação ou concordância. Da regra "do jogar para o jogar e exercitar" passa-se, com um alto nível de consenso, para a regra "do geral para o específico", e em relação à regra "da aprendizagem implícita para a explícita" encontram-se poucos trabalhos que descrevam ou se apoiem nessa ideia, que às vezes é, de forma tendenciosa, alterada para seu oposto.

Escola da bola para jogos de rede e raquete: objetivos e conteúdos

- Os objetivos e conteúdos centrais podem ser ordenados em todos os níveis do MAIJ e também em três pilares: a exercitação e a superação dos elementos táticos, coordenativos e técnicos.

- Com base em uma pesquisa realizada com peritos e em reflexões práticas plausíveis, foi estabelecida a seleção, o peso e a complementaridade dos jogos de rede e raquete. O conteúdo da Escola da Bola para jogos de rede e raquete compreende cinco elementos táticos direcionados aos jogos esportivos, seis elementos coordenativos e nove elementos técnicos.

- A mediação no segundo nível do MAIJ desemboca no conceito da iniciação específica para os esportes, ou seja, as capacidades específicas desejadas para o jogo. "São, no sentido da vida prática, um luxo. Nós precisamos praticar esportes; porém, *badminton*, *squash*, tênis ou tênis de mesa são esportes que podemos escolher jogar – a nosso prazer! Nos atiramos a esses esportes como apaixonados, e sabemos que nessa escolha influenciam as curiosas e secretas leis do acaso" (Hagedorn, 1988, p. 26).

Christian Kröger / Daniel Memmert

Jogos de rede e raquete orientados para as situações de jogo

Introdução

Simbologia das legendas e formas de apresentação do conteúdo

Coleção de jogos

Criar superioridade numérica
Jogar coletivamente
Acertar o alvo
Transportar a bola para o objetivo
Reconhecer espaços

CAPÍTULO 3

Introdução

Os objetivos, conteúdos e métodos da Escola da Bola para jogos de rede e raquete orientados para as situações de jogo foram descritos detalhadamente no Capítulo 2. Neste capítulo, serão apresentadas sugestões para a prática por meio de um plano de atividades, um conjunto de jogos para a prática. Com esse conjunto de jogos devem ser desenvolvidos os cinco elementos táticos que, conforme pesquisa de Memmert e Roth (2001), apresentam o maior significado e relevância.

Tabela 3.1: Opinião dos peritos em relação à sequência temporal e ao significado dos elementos táticos no processo de ensino-aprendizagem

Elemento tático	Sequência temporal	Significado	Atividades (nº)
Criar superioridade numérica (com ênfase na prontidão/orientação)	3.0	1.3	1 até 8
Jogar coletivamente	3.1	4	9 até 14
Acertar o alvo	3.2	1.8	15 até 19
Transportar a bola para o objetivo	3.6	5	20 até 21
Reconhecer espaços	3.7	3	22 até 28

Sequência e significado dos elementos táticos

Na segunda coluna da Tabela 3.1 estão apresentados os valores médios da pesquisa de opinião realizada com peritos em relação à sequência temporal em que os elementos táticos devem ser desenvolvidos na "iniciação esportiva" (Questão 8, 1 = qual o elemento a se apresentar primeiro; 5 = qual o elemento a ser ensinado posteriormente). A superação dos elementos "jogar coletivamente", "criar superioridade numérica (com ênfase na prontidão/orientação)" e "acertar o alvo", de acordo com a opinião desses peritos, indica que são esses os elementos que devem ser ensinados primeiro. "Transportar a bola para o objetivo" e "reconhecer espaços" são os que devem ser desenvolvidos mais tarde, em fases de aprendizado mais avançadas. As diferenças devem ser consideradas pequenas, e os professores devem pensar na sequência de jogos observando sempre o tipo de grupo, seus objetivos (iniciantes, avançados, grupo de alto rendimento) e a idade dos participantes (crianças, jovens, adultos), bem como considerar as condições impostas pelo ambiente (interesse, desejo dos pais, dos participantes...).

Sequência temporal dos elementos táticos

As avaliações dos peritos em relação ao peso dos elementos foram consideradas também para a quantidade de atividades a serem apresentadas no texto. Na terceira coluna da Tabela 3.1 estão apresentados os valores médios do significado e da importância do respectivo elemento para o processo de ensino-aprendizagem. Com estes, são consideradas na mesma medida as respectivas opiniões dos peritos nas Questões 1 a 6 (valores individuais para os cinco elementos) e na Questão 7 (valores comparativos dos cinco elementos) (ver Capítulo 2). Para o desenvolvimento dos elementos considerados com os valores mais altos (por exemplo: "criar superioridade numérica") foram reunidos de cinco a sete jogos. Já para aqueles de valores mais baixos (por exemplo, "transportar a bola para o objetivo") foram indicados somente dois jogos.

"Criação de superioridade numérica" = oferecer-se e orientar-se

Em um primeiro momento, o elemento tático "criar superioridade numérica" pode parecer estranho à área dos jogos de rede e raquete. Mas essa impressão desaparece quando se analisa a sua definição (ver Capítulo 2). As características inerentes ao elemento tático "oferecer-se/orientar-se" explicam por que os peritos deram a esse elemento um valor alto; respectivamente, se tem pensado na construção das atividades dando ênfase ao exercício de um correto e rápido posicionamento do corpo.

Características dos jogos

As situações de jogo apresentadas neste capítulo têm as seguintes características:

- A forma de organizar e jogar as atividades – diferentemente do que se realiza na concepção das séries de jogos e, também, dentro de uma unidade de aula ou de treinamento – não deve estar em uma sequência; em vez disso, elas devem ser construídas uma com base na outra. Por essa razão, as situações apresentadas têm o mesmo caráter: preparam para os jogos e não para uma modalidade específica de esporte de rede e raquete (ver Capítulo 2).

- Elas influenciam e evidenciam estímulos-chave para a formação de táticas básicas para classes de situações que ocorrem em jogos de rede e raquete (comparar Hoffman, 1993). Essa influência se dá também de forma inconsciente e acidental, pois as situações ocorrem de forma repetida e com características marcantes.

- Em alguns casos, elas também podem desenvolver dois ou três elementos táticos, que, logicamente, estão presentes na atividade – às vezes com menos intensidade – e serão também trabalhados.

- Não se trata de apresentar uma nova "caixinha" cheia de jogos. Aqui apresentam-se novos e velhos jogos conhecidos pelos especialistas e comprovados, na prática, por sua eficiência.

- Esses jogos foram pensados – a princípio – para crianças entre 8 e 11 anos, mas podem, com pequenas mudanças, ser apresentados de formas mais complexas e difíceis.

- Os jogos foram concebidos para serem praticados com um colega ou com a ajuda de um colega, sempre que possível (em geral, terão no mínimo quatro jogadores).

- Podem ser facilmente adaptados a diferentes níveis de aprendizado e jogados em quadras/campos de diferentes tamanhos.

- As regras são muito simples e de fácil visualização.

- São de organização rápida e sem muito deslocamento de materiais.

A seguir, serão apresentadas algumas indicações complementares para a aplicação dos jogos que também servem para os exercícios dos Capítulos 4 e 5:

- Quase todos os jogos e exercícios apresentados podem ser realizados com diferentes tipos de raquete (ver o quadro com diferentes modelos).

- Para os jogos, também podem ser utilizados diferentes tipos de bolas (por exemplo: de tênis, de tênis de mesa, de *badminton*, balões, bolas de borracha, de espuma ou bolas mais leves e lentas).

- Todos os exercícios e atividades podem ser realizados na forma de competição, um contra um.

- Os exercícios podem ser desenvolvidos de tal forma que as crianças experimentem com eles e procurem criar variações e sugerir modificações (por exemplo, criar um arco, representações acrobáticas etc.).

- A altura da rede depende do tamanho do campo e pode ser modificada à vontade. Além do mais, podem ser utilizadas cordas elásticas em vez de redes. Também podem ser utilizados plintos (e partes deles) para dividir os campos.

Sugestões (indicações metodológicas para os jogos e os exercícios)

- O objetivo das mudanças é provocar adaptações. As áreas--alvo podem ser determinadas com marcações de diferentes tipos (pneus, plintos, cones, pratinhos etc.).

- Todos os jogos e exercícios podem ser praticados não apenas na quadra coberta, mas também em espaços abertos.

- A sequência metodológica dentro dos jogos e dos exercícios pode, como regra geral, seguir a ideia de lançar ou rebater a bola com a mão, com o antebraço, punho ou com formas de raquete diferentes das usadas em jogos de lazer e tempo livre (tênis-família), e até com raquetes específicas das modalidades esportivas (por exemplo, *squash*. Ver diferentes tipos de raquete nos Anexos).

- Do ponto de vista organizacional, os jogos com raquete e os exercícios podem ser realizados com grupos numerosos, o que permitiria se utilizar, ao mesmo tempo, diferentes tipos de raquete (ver Bremer, 1981, p. 104).

Outras recomendações metodológicas para estruturação dos jogos e das atividades/exercícios na Escola da Bola se encontram no texto de Memmert (2002). Inicialmente, serão descritas sequências metodológicas para a concretização dos passos e fases para os jogos de rede e raquete, de forma complementar ao que está descrito no Capítulo 1.

Os jogos podem ser utilizados tanto na fase de aquecimento quanto em outros momentos da sessão/aula (parte principal ou final). De forma intencional, não são apresentadas "receitas" de sequências ou de amostras de aulas. A configuração/combinação é uma importante tarefa a ser realizada pelo professor ou treinador, conforme seus objetivos.

Simbologia dos desenhos e formas de apresentação

Orientações para o caminho de aplicação dos jogos e da coleção de exercícios

Na Figura 3.1 estão descritos e explicados detalhadamente o jogo ou exercício e sua forma de realização. Assim, a seguir, a forma de apresentação das atividades será dada com base em um exemplo, para que fique mais claro para o leitor (ver Figura 3.2).

74 Jogos de rede e raquete orientados para as situações de jogo

Na parte superior se encontra o título em azul. Este mostra qual é a tarefa tática a ser desenvolvida/aplicada. O espaço central destina-se aos elementos que essa atividade desenvolve (primeiro critério de ordenamento), e os jogos apresentados estão embaixo desse espaço. A intensidade da cor ilustra o significado desse elemento tático. Quanto mais escura a cor, maior o significado do elemento tático. Assim, resultam – conforme o número de elementos táticos – cinco grupos de jogos. Do lado direito se observa, também, um espaço no qual é destacado o nível da dificuldade do jogo básico (segundo critério de ordenamento, I = pouca dificuldade, II = média dificuldade, III = alta dificuldade). Isso serve como uma orientação em relação ao nível relativo de dificuldade.

Embaixo do título do jogo, apresentam-se o jogo e suas regras, ilustrado por uma figura. Também colocam-se os níveis de dificuldade ("presumíveis") nas variações, estes entre parênteses, para orientação geral.

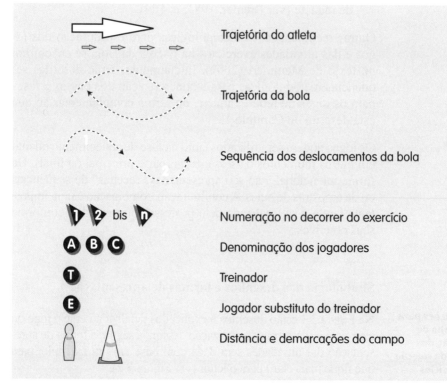

Figura 3.1: Simbologia.

Simbologia dos desenhos e formas de apresentação 75

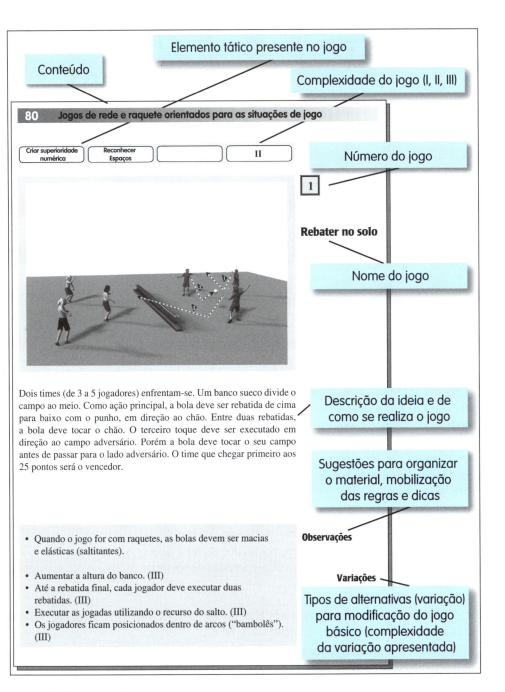

Figura 3.2: Representação dos jogos.

76   Jogos de rede e raquete orientados para as situações de jogo

| Criar superioridade numérica | Reconhecer espaços | | I |

1

Rebater no arco

Dois times enfrentam-se em um campo de *badminton*. Cada time tem dois jogadores, sendo que um (A) fica de posse de um arco ("bambolê") e o outro (B), com uma raquete. O objetivo é que o jogador A antecipe-se na jogada e coloque o arco no ponto mais provável em que a bola entrará em contato com o chão. O jogador B deve rebater a bola para o campo adversário. Qual time chegará primeiro aos 20 pontos?

Observações
- O movimento de rebatida deve ocorrer de baixo para cima.
- A rede (corda) deve estar a 3 m de altura.
- A linha da quadra deve ser demarcada com cones.
- Após alguns minutos, trocar as funções de A e B.
- Por uma questão de segurança, o jogador A deve deixar o arco no solo e apanhá-lo de volta somente depois que B realizar sua batida.

Variações
- Aumentar o número de jogadores. Por exemplo, dois jogadores com arco e um como rebatedor. (II)
- Aumentar a distância da linha de fundo em relação à rede. (III)
- Após executar cada jogada, o rebatedor deve voltar para um determinado ponto da linha de fundo. (III)

Criar superioridade numérica

Criar superioridade numérica | **Reconhecer espaços** | | **I**

2

Batata-quente

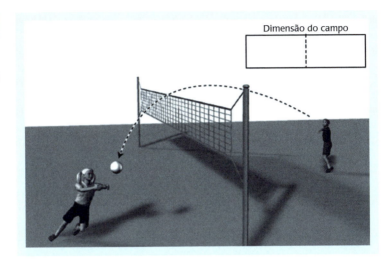

Dois jogadores enfrentam-se em um campo comprido e estreito com o objetivo de lançar a bola por cima da rede e fazer que ela toque o chão do campo adversário. As posições de lançamento e pegada devem sempre coincidir. Qual jogador chegará primeiro aos 25 pontos?

Observações
- A rede deve estar a 2 m de altura.
- A bola pode ficar no máximo dois segundos na mão de cada jogador.
- É permitido dar alguns passos com a bola na mão, como resultado da corrida para agarrar a bola.
- Não é permitido realizar "saltos" nas jogadas iniciais.
- Lançamentos com "fintas" são muito convenientes para este jogo.

Variações
- Utilizar diferentes bolas e maneiras de rebater a bola. (II)
- Pegar a bola de diferentes maneiras, por exemplo, acima da cabeça. (II)
- Adicionar tarefas para o momento de pegar a bola (girar, bater palmas, ir até a linha da quadra tocar e voltar etc.). (III)

78   Jogos de rede e raquete orientados para as situações de jogo

| Criar superioridade numérica | Jogar coletivamente | | II |

3

Rebater no solo

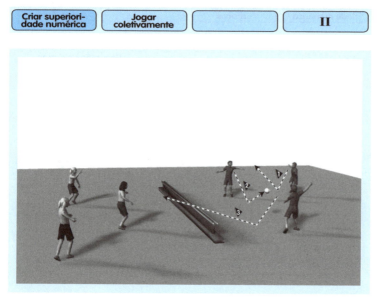

Dois times (de 3 a 5 jogadores) enfrentam-se. Um banco sueco divide o campo ao meio. Como ação principal, a bola deve ser rebatida de cima para baixo, com o punho, em direção ao chão. Entre duas rebatidas, a bola deve tocar o chão. O terceiro toque deve ser executado em direção à quadra adversária. Porém, a bola deve tocar o campo do rebatedor antes de passar para o lado adversário. O time que chegar primeiro aos 25 pontos será o vencedor.

- Quando o jogo for com raquetes, as bolas devem ser macias e elásticas (saltitantes).

Observações

- Aumentar a altura do banco. (III)
- Até a rebatida final, cada jogador deve executar duas rebatidas. (III)
- Executar as jogadas utilizando o recurso do salto. (III)
- Os jogadores ficam posicionados dentro de arcos. (III)

Variações

Criar superioridade numérica 79

| Criar superioridade numérica | | | II |

4

Corrida em círculo

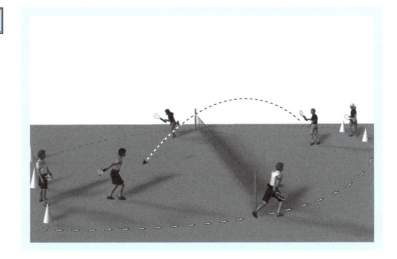

Dois times enfrentam-se. Os jogadores têm como objetivo lançar a bola na diagonal para o outro lado do campo, por cima da rede. Após executar o lançamento, o jogador deve correr para o outro lado do campo, e assim por diante. Cada erro é contado. O time vencedor será o que errar menos em um determinado tempo.

Observações
- O passe da bola deve ser executado com uma rebatida de direita, de baixo para cima, sendo que a primeira bola não pode ser rebatida de voleio.
- O jogo pode ser realizado em uma quadra de tênis.
- Um confronto "simples" também é possível.

Variações
- Variar o tamanho do campo permitido. (II)
- O jogo pode ser realizado em uma mesa de tênis de mesa, sendo que de um lado os atletas rebatem para cima, e do outro, rebatem horizontalmente. (II)
- Variar as técnicas de rebatida; por exemplo, voleio de direita, voleio de esquerda ou por cima da cabeça. (III)

| Criar superiori-dade numérica | | | II |

5

Ping-pong no chão

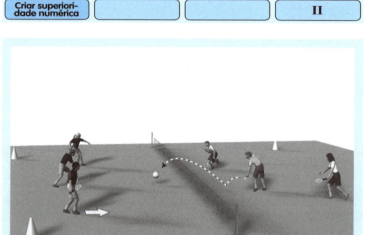

Dois times enfrentam-se em um campo de *badminton*. O objetivo é que a bola passe por cima da rede em direção ao campo adversário. Nessa jogada, o atleta precisa fazer que a bola toque uma vez ainda em seu campo para, depois, chegar no campo adversário. Jogadas na mesma sequência não são permitidas. Errar ou deixar a bola tocar o chão duas vezes seguidas implica um ponto para o adversário. Qual time chegará primeiro aos 20 pontos?

Observações
- A rede precisa ser baixa (< 1,0 m). Pode-se utilizar um banco sueco.
- Utilizar cones para a marcação de ambos os campos.
- Utilizar bolas com bastante quique.
- Não é permitida a rebatida de voleio nas jogadas.

Variações
- Determinar uma sequência entre os jogadores quando executarem as jogadas. (II)
- Variar a técnica de rebatida; por exemplo, rebatida de esquerda ou por cima da cabeça. (III)
- Colocar duas bolas em jogo. (III)

Criar superioridade numérica

| Criar superioridade numérica | | | II |

6

Bola cruzada

Quatro times, com dois jogadores cada um, se distribuem em quatro campos. Duas redes dispostas em formato de cruz separam as quatro duplas. O objetivo é rebater a bola por cima da rede fazendo que ela caia no campo dos adversários (1 ponto). Deve ser feito apenas um toque por dupla durante a jogada. Qual time alcançará primeiro os 20 pontos?

Observações
- A rede deve ficar a 2 m de altura.
- Não é permitido que a bola seja jogada na diagonal.

Variações
- Antes que a bola seja rebatida por cima da rede, deve-se trocar passes com o companheiro. (II)
- Todos os times começam com 21 pontos; à medida que forem errando, descontam-se os pontos. O time que primeiro alcançar 0 sai do jogo. (II)
- Depois do contato da bola com o chão, rebatê-la com o antebraço. (III)
- Colocar três bolas em jogo. (III)

82 Jogos de rede e raquete orientados para as situações de jogo

| Criar superiori-dade numérica | Reconhecer espaços | | II |

7

Vôlei quicado

Dois times enfrentam-se em um campo com uma rede. Após o saque feito atrás da linha de fundo, o adversário deve rebater a bola usando a mão ou a raquete, e é permitido um quique da bola antes de cada rebatida. Seja no jogo com raquete ou com a mão, a bola deve passar por cima da rede. No jogo com raquete, a bola é apanhada com uma mão; quando se usar a mão ou o punho, é apanhada com as duas mãos. As posições de pegada e de rebatida são as mesmas. Qual time alcançará primeiro os 20 pontos?

- A rede deve ficar a 2 m de altura.   **Observações**
- Para uma "pegada" difícil, dar até 3 passos não é considerado falta.

- No jogo com raquetes, apanhar as bolas com cones. (II)   **Variações**
- Permitir jogadas com saltos somente no jogo sem raquetes. (III)
- Colocar duas bolas em jogo. (III)

Criar superioridade numérica 83

Criar superiori-dade numérica | | | III

8

Jogar tênis com mesas

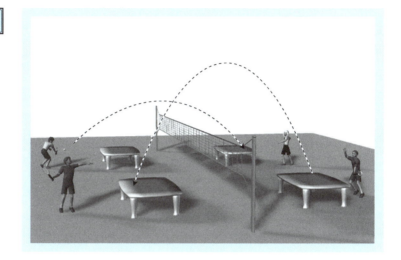

Distribuir quatro mesas de tênis de mesa nos quatro cantos da quadra de tênis (duas para cada lado da rede). Os dois times têm como objetivo, depois que a bola quicar na própria mesa, rebater a bola (sobre a rede) em direção à mesa do adversário. Os jogadores não precisam rebater a bola de forma alternada, podendo jogar em ambas as mesas do outro lado. Qual time, dentro do tempo de jogo, conseguirá fazer mais pontos?

Observações
- A rede não deve ser alta: deve ficar a 1,5 m de altura.
- Por questão de segurança, ficar atento aos cantos das mesas durante as jogadas mais rápidas.

Variações
- Os jogadores devem trocar as bolas durante as rebatidas. (III)
- Posicionar as mesas junto à rede. (III)
- Colocar duas bolas em jogo e três jogadores por time. (III)

84   Jogos de rede e raquete orientados para as situações de jogo

Jogar coletivamente | Transportar a bola para o objetivo | | I

9

Troca de bola

Dois times, cada um com uma bola (peteca), jogam em uma quadra de vôlei. Cada jogador recebe uma numeração de 1 a 4. O objetivo é fazer a bola passar na sequência certa dentro do time para, depois, ser rebatida para o campo adversário. O jogador número 4 deve tentar lançar a bola em direção ao jogador número 1 da equipe adversária. Por quanto tempo os times conseguirão jogar sem que a bola toque o chão?

Observações

- A rede deve estar na altura de 2 m.
- Primeiramente, os times devem tentar fazer que a bola não toque o chão ao passar por cima da rede (jogo coletivo).
- Após alguns minutos, trocar a numeração dos jogadores e suas tarefas.

Variações

- Os jogadores de número 4 devem lançar a bola em direção ao campo adversário, de forma que o jogador de número 1 nem precise se deslocar. (I)
- As bolas devem ser rebatidas de forma direta. (III)
- As bolas devem ser rebatidas com o antebraço. (III)
- Colocar quatro bolas rodando juntas. (III)

Jogar coletivamente

10

De um canto ao outro

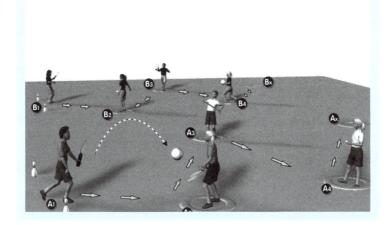

As duas equipes formam duas colunas, com exceção de A1 e B1. Cada coluna distribui-se com um jogador mais à direita e um mais à esquerda, de forma intercalada. Cada jogador possui uma bola e uma raquete, e está situado dentro de um arco. Ao sinal, A1 e B1 percorrem sua respectiva coluna rebatendo as bolas em sequência, de forma que os companheiros não precisem sair do seu aro para apanhá-las. Após a última rebatida, eles se posicionam na coluna. Logo que se posicionarem nos respectivos arcos, A2 e B2 podem ir até a linha de partida e começar uma nova sequência. Além disso, todos os jogadores devem trocar seus arcos (A4 para A3, A3 para A2 etc.). Qual equipe acabará primeiro a rotação de todos os jogadores?

Observações
- Para o jogo sem raquetes, deve-se usar uma ou as duas mãos para rebater; pode-se utilizar o punho ou a mão aberta.
- O jogo exige bastante espaço.
- Cada jogador deve ter uma bola de reserva, caso necessite.

Variações
- Variar a posição e a distribuição da coluna. (I)
- Colocar duas bolas para serem rebatidas em sequência. (II)
- Após uma rebatida bem-sucedida, acrescentar uma tarefa diferente, por exemplo, correr em volta do arco, trocar as raquetes. (III)

86 Jogos de rede e raquete orientados para as situações de jogo

> Jogar coletivamente | Reconhecer espaços | | I

11

Jogo do fosso

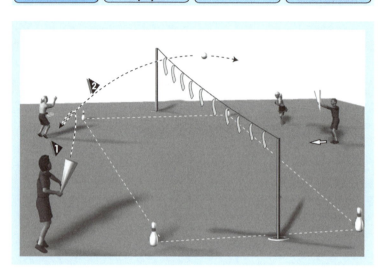

Entre o campo de jogo dos times A e B encontra-se uma ampla área delimitada. Dentro dessa área temos uma corda que serve como rede, separando-a ao meio. De cada lado do campo encontra-se um jogador, que irá pegar as bolas com um cone, e um rebatedor. O jogador que possui o cone deve pegar a bola e passá-la ao seu colega, que deverá rebater para o outro lado. Antes de executar a ação, o rebatedor deve deixar a bola quicar uma vez no solo. O adversário marca ponto quando: a bola cai fora, a bola toca o solo mais de uma vez antes da rebatida, a bola cai dentro da área frontal demarcada, a bola passa por debaixo da rede. O recebedor não pode ficar mais de 3 s com a posse da bola. Qual time chegará primeiro aos 20 pontos?

- Depois do quinto ponto, os jogadores trocam suas tarefas.

Observações

- Os jogadores que estiverem com os cones devem pegar as bolas no ponto mais alto, acima da rede. (III)
- Ambos os jogadores devem fazer uma ação depois de passar a bola para o lado contrário; por exemplo, tocar a linha e voltar às suas posições. (III)

Variações

Jogar coletivamente — 87

Jogar coletivamente | Reconhecer espaços | II

12

Bola no banco

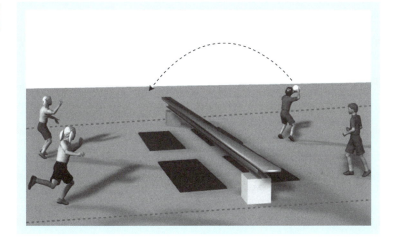

Dois times enfrentam-se em um campo com um banco sueco dividindo-o ao meio. De cada lado do campo, junto ao banco, ficam dois colchonetes no chão. O saque é feito de costas, por cima da cabeça e atrás da linha de fundo. O objetivo é que a bola toque o campo adversário. Os lançamentos devem ser feitos com as duas mãos ou com uma delas rebatendo a bola. O movimento deve ser feito na altura da cintura. Para apanhar a bola, é permitido o uso de uma ou das duas mãos. Um único passe deve ser feito para o parceiro. Correr com a bola não é permitido. Pisar ou tocar nos colchonetes é considerado falta. Qual time chegará primeiro aos 20 pontos?

Observações
- É necessária uma boa comunicação no time.
- Manter os braços estendidos no momento de apanhar a bola.
- Escolher um campo curto e largo.
- Alternar os sacadores.

Variações
- Depois da rebatida, ambos os jogadores trocam de posição ou são designados a fazer uma tarefa; por exemplo, tocar a parede e voltar às suas posições. (III)
- Variar as rebatidas; por exemplo, colocando saltos. (III)
- Utilizar uma pranchinha de natação ou algo parecido para rebater a bola. (III)

Jogar coletivamente — III

13

Perseguição à presa

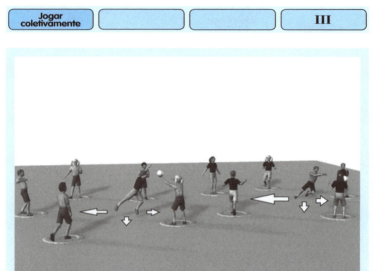

Dois times com seis jogadores jogam um contra o outro. Cinco jogadores posicionam-se em círculo, cada um dentro de um arco. No meio de cada círculo posiciona-se um jogador da equipe adversária. Os jogadores em círculo tentarão trocar passes entre si, sem que sejam interceptados. Quando conseguirem o intento, ganham 1 ponto. Já o jogador que está no meio do círculo deve impedir que os passes aconteçam. Quando conseguir interceptar três vezes a bola, ele troca de função com algum outro jogador do seu time. Qual time alcançará primeiro 20 pontos?

Observações
- Usar objetos de jogo macios; por exemplo, bola de vôlei de praia, peteca.
- Os arcos devem ficar alinhados e distantes.
- Quando se joga com raquete, não é necessário devolver a bola na forma de voleio.
- Os jogadores devem passar a bola na sequência, permitindo-se apenas mudar a direção dos passes.
- *Lobs* não são permitidos.

Variações
- Pode-se passar a bola para qualquer outro jogador. (II)
- Reduzir o número de jogadores por time. (III)

Jogar coletivamente

Jogar coletivamente | **Reconhecer espaços** | **Transportar a bola para o objetivo** | **III**

14

Combate de vôlei

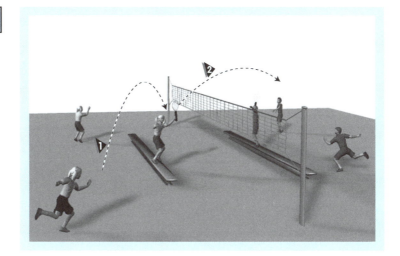

Colocar dois bancos suecos no campo, um de cada lado da rede, com cerca de 1 m de distância entre eles. Sobre os bancos ficará um jogador de cada time. O time deverá passar a bola para quem estiver sobre o banco, e este, por sua vez, deverá rebater a bola para o lado contrário, por cima da rede. Caso a bola toque mais de uma vez o solo, é contado ponto para o adversário. A posição em que o jogador fica para apanhar a bola deve ser a mesma de arremesso da bola. O time que alcançar primeiro os 25 pontos será o vencedor.

Observações
- Usar bolas que sejam mais lentas.
- Por questão de segurança, tomar cuidado com possíveis quedas do banco.

Variações
- Colocar pequenas caixas junto ao banco, onde ficarão os demais atacantes. (III)
- Variar a distância dos atacantes em relação à rede. (III)
- Deixar os atacantes dentro de arcos. (III)

90 Jogos de rede e raquete orientados para as situações de jogo

| Acertar o alvo | Jogar coletivamente | | III |

15

Ataque ou defesa

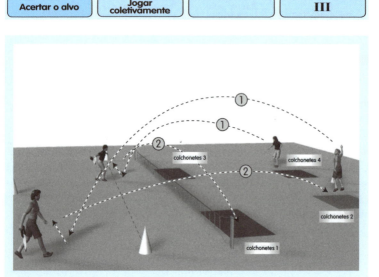

Dois times enfrentam-se em um campo de *badminton*. De um lado do campo, os jogadores lançam as bolas em sequência. Os jogadores devem rebater curto as bolas que tocarem o solo antes da linha divisória, nos colchonetes 3 ou 1, colocados na quadra. Já as bolas que tocarem o solo atrás da linha divisória devem ser devolvidas com rebatidas longas pelos jogadores, nos colchonetes 2 ou 4, também dentro da quadra. Que equipe, em um determinado tempo, acertará mais vezes os alvos?

- Os lançadores devem usar raquetes.
- Os lançadores podem variar suas posições de lançamento.
- Os alvos devem possuir valores diferentes na pontuação.

Observações

- Variar a técnica de rebatida, por exemplo, voleio de direita, voleio de esquerda ou sobre a cabeça. (III)
- Reduzir o tamanho dos alvos. (III)
- Aumentar o tamanho do campo. (III)

Variações

Acertar o alvo

Acertar o alvo | | | I

16

Acertar e ser acertado 2

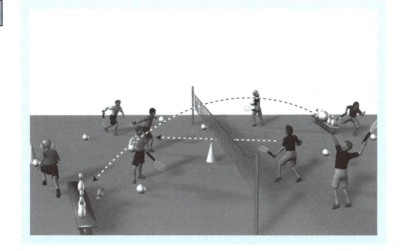

Dois times enfrentam-se em uma quadra de vôlei. O objetivo é que os próprios jogadores rebatam as bolas, a fim de acertar os pinos que estão do outro lado da quadra sobre um banco sueco (1 ponto), podendo deixar a bola tocar o chão ou não antes da rebatida. Os jogadores só podem jogar na metade do campo em que o banco não se encontra. Todos podem buscar bolas por todo o campo, mas os que estiverem perto da rede podem ser acertados por ataques do time adversário (1 ponto). Qual equipe chegará primeiro aos 20 pontos?

Observações
- A rede deve ficar a cerca de 1,5 m de altura.
- Ao tentar acertar os adversários, o time procura manter os jogadores adversários afastados da rede.
- Por questão de segurança, serão válidas somente rebatidas de bola que forem em direção aos pés dos jogadores adversários.

Variações
- Modificar a posição do banco. (I)
- Variar a técnica de rebatida, por exemplo, voleio de direita, voleio de esquerda ou sobre a cabeça. (III)
- Diminuir o tamanho dos alvos. (III)

92   Jogos de rede e raquete orientados para as situações de jogo

| Acertar o alvo | Jogar coletivamente | | II |

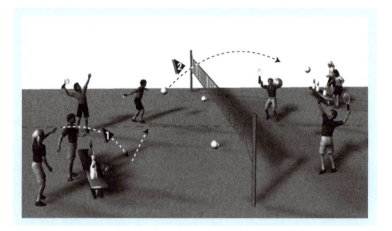

17

Acertar e ser acertado 1

Dois times, com quatro jogadores em cada um, enfrentam-se em um campo de vôlei. Dois jogadores de cada time encontram-se atrás do banco sueco e à frente da linha de fundo da quadra. Em cima de cada banco estão dispostos 4 pinos. Os demais jogadores ficam na outra metade da quadra, cada um com uma raquete. O objetivo é que os jogadores que estiverem com a raquete rebatam as bolas lançadas pelos companheiros do outro lado da quadra. Eles devem rebatê-las por cima da rede, e acertar os pinos que estão do outro lado (1 ponto). Antes da rebatida, a bola deve tocar uma vez o solo. Para isso, o time só pode jogar na metade da quadra em que o banco não se encontra. Os jogadores que não possuem raquetes podem acertar os jogadores da outra equipe quando estiverem perto da rede (1 ponto). Qual time chegará primeiro aos 20 pontos?

Observações

- A rede deve ficar a cerca de 1,5 m de altura.
- Ambos os times podem arremessar em direção aos adversários que estiverem perto da rede, mantendo a distância adequada para a rebatida da bola.
- Por questão de segurança, os rebatedores devem acertar somente os pés dos adversários, rebatendo a bola por debaixo da rede.

Variações

- Variar a posição do banco. (II)
- Variar a técnica de rebatida; por exemplo, voleio de direita, voleio de esquerda ou sobre a cabeça. (III)

Acertar o alvo | | | II

Jogo anunciado

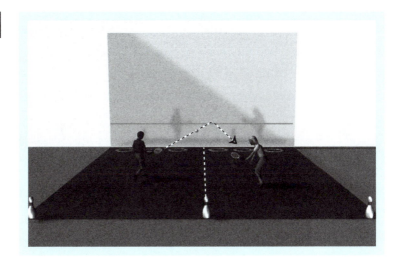

Dois jogadores enfrentam-se em um campo demarcado (dividido ao meio) à frente de uma parede. A bola deve ser rebatida de forma alternada entre os jogadores em direção à parede, sendo permitido um quique antes de cada rebatida. O objetivo é rebater a bola acima da linha demarcada na parede, de forma que o adversário não consiga rebatê-la de volta (1 ponto). Para somar mais 2 pontos, o jogador deve fazer com que a bola toque dentro de um dos arcos do campo do adversário e que ele não consiga rebater de volta. Para isso, o jogador deve, ainda, anunciar seu intuito levantando a mão. Qual jogador conseguirá, dentro do tempo de jogo, marcar mais pontos?

Observações

- Os jogadores devem, primeiramente, tentar rebater as bolas longas, deixando o adversário em uma posição desfavorável e mais difícil de "atacar" os arcos.
- Pode-se utilizar caixas para demarcar a linha na parede.

Variações

- Variar a técnica de rebatida; por exemplo, voleio de direita, voleio de esquerda ou sobre a cabeça (*smash*). (III)
- Diminuir a demarcação do alvo. (III)
- Aumentar o tamanho do campo. (III)

| Acertar o alvo | | | III |

19

Duplo contato

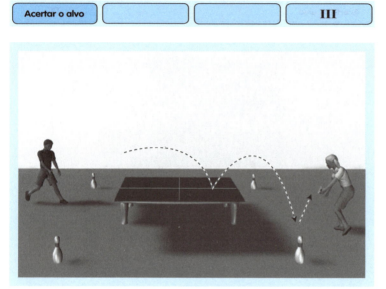

Dois jogadores enfrentam-se no tênis de mesa. A bola precisa sempre ter dois contatos antes da devolução: um com a mesa e, depois, com o chão. O objetivo é que o jogador provoque o erro do adversário por meio de uma jogada de efeito. Qual o jogador que, em um determinado tempo, alcançará mais pontos?

Observações

- Os jogadores devem tentar, com uma rebatida longa, fazer a bola tocar o chão por trás da mesa (longe); ou, com uma rebatida curta, fazer que a bola toque o chão ao lado da mesa (perto).
- Os jogadores devem ser forçados a rebater a bola com um movimento de flexão de joelhos.

Variações

- Colocar duas mesas lado a lado. (II)
- Aumentar a altura da rede. (III)
- Jogar em duplas. (III)
- Jogar em duplas, mas sem alternar as rebatidas. (III)

Transportar a bola para o objetivo

Transportar a bola para o objetivo | **Jogar coletivamente** | | **I**

20

Vôlei sentado

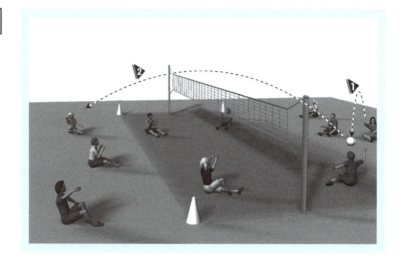

Dois times, sentados, enfrentam-se em uma quadra de vôlei. Dois jogadores de cada time encontram-se em uma zona à frente, e os outros três, atrás, em outra área. O objetivo é que os jogadores da área de trás, ao pegarem a bola, passem-na aos que estiverem na área da frente; estes, por sua vez, devem rebatê-la para o lado adversário, em direção à zona de trás. Se a bola tocar o chão na zona de trás antes que alguém a pegue, é contado ponto.

Observações
- Ajustar o tamanho da rede conforme o nível de habilidade dos jogadores. Redes mais altas tornam o jogo mais lento.
- Bolas leves (mais lentas) são mais adequadas.
- É permitido no máximo cinco passes por time em cada jogada.
- Deslocamentos "com quatro apoios" no solo são permitidos.
- Após alguns minutos, mudar a posição dos jogadores.
- Os jogadores da zona da frente devem rebater a bola de baixo para cima, por cima da rede.

Variações
- Cada time pode tocar na bola apenas três vezes por jogada. (II)
- Colocar duas bolas em jogo. (III)

96 Jogos de rede e raquete orientados para as situações de jogo

| Transportar a bola para o objetivo | Criar superioridade numérica | | II |

21

De um faça dois

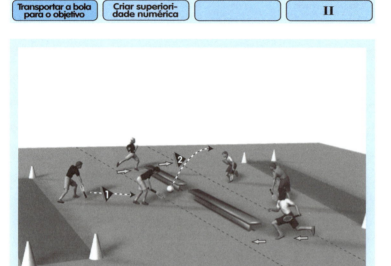

Em uma área central de um grande campo de jogo encontram-se dois bancos posicionados um ao lado do outro. Logo à direita e à esquerda dos bancos são delimitadas áreas onde as bolas não podem tocar. Os jogadores, em duplas, devem rebater a bola sobre os bancos após dois contatos alternados. O primeiro jogador deve utilizar o cabo da raquete (como um taco de hóquei) e o segundo, a cabeça da raquete. Marca-se um ponto quando a dupla consegue realizar os dois contatos com a bola e acertar a zona de pontuação do outro lado (demarcada com cones atrás dos jogadores).

Observações

- Não é permitido tomar distância para realizar o movimento.

Variações

- Quicar a bola com a raquete sobre o banco ou equilibrar a bola sobre a raquete. (III)
- Jogar com duas raquetes. (III)
- Diminuir o tamanho da zona de pontuação. (III)

Reconhecer espaços

Reconhecer espaços | | | I

22

Afundando o barco

Dois times enfrentam-se em uma quadra de vôlei, na qual cada jogador posiciona-se em um quadrante. O objetivo é que a bola seja rebatida por cima da rede e toque o chão antes que algum jogador consiga rebatê-la de volta (1 ponto). A bola não pode ser passada entre os jogadores da equipe, e os jogadores não podem deixar a sua área de atuação. Qual equipe alcançará primeiro os 20 pontos?

Observações

- A rede não pode ser muito alta (de 1 m a 1,5 m).
- Após alguns minutos, trocar a posição dos jogadores.
- Nos dois quadrantes mais distantes da rede, dependendo da idade dos participantes, deve-se atentar para a distância em relação à rede.
- Para os jogadores mais distantes da rede é permitido agarrar a bola.

Variações

- As bolas devem ser rebatidas e apanhadas somente com as raquetes. (II)
- As bolas devem ser jogadas diretamente (II)
- Diminuir a altura da rede. (III)

| Reconhecer espaços | Acertar o alvo | | I |

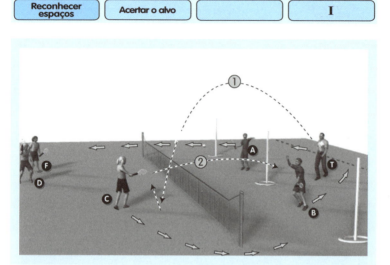

23

Fazer o ponto

Em um dos lados da rede colocam-se 3 estacas, demarcando 2 espaços (gols). Em cada um dos gols fica um jogador (A e B) de posse de uma raquete. T (professor ou treinador) posiciona-se atrás dos gols e fica encarregado de lançar bolas para os jogadores que estão do outro lado da rede (C, D e F). Os jogadores C, D e F devem rebater as bolas em direção aos gols, de forma que os jogadores A e B não consigam golpear (defender) a bola. Quem tiver êxito na jogada troca com o jogador que levou o gol. Aquele que não conseguir volta ao final da fila para tentar novamente. Qual jogador conseguirá ficar mais tempo sem levar gol?

Observações
- Os gols não podem ser muito pequenos.
- A jogada de *lob* não é permitida, e depois que a bola passar pelos gols deve quicar ainda uma vez na quadra.
- T pode ser substituído por um jogador que, inicialmente, vai lançar a bola com as mãos e, posteriormente, com uma raquete.
- T pode variar sua posição de lançamento.

Variações
- As rebatidas devem ser feitas de esquerda. (II)
- As rebatidas devem ser feitas de voleio de esquerda ou voleio de direita. (III)
- Diminuir o tamanho das traves. (III)
- Diminuir o tamanho do campo. (III)

Reconhecer espaços

> Reconhecer espaços | Criar superioridade numérica | | I

24

Jogo pela janela

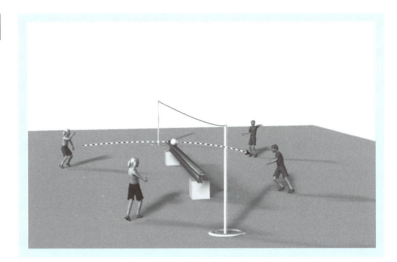

Na metade do campo encontra-se um banco sueco sobre duas caixas e, acima, uma corda esticada a cerca de 1,5 m de altura. Para o jogo sem raquetes, a bola lançada por cima da corda deve ser agarrada com as duas mãos acima da cabeça. Quando jogada por entre o banco e a corda, a bola deve ser agarrada com os braços estendidos abaixo da linha do ombro. Os erros são contados quando a bola tocar o chão dentro ou fora do campo, quando os jogadores que estiverem com a posse da bola correrem e quando a bola for apanhada de forma incorreta. Qual time chegará primeiro aos 20 pontos?

Observações
- É recomendada a presença de um árbitro.
- Para o jogo com raquete, as bolas devem ser rebatidas entre o banco e a corda, e os saques podem ser por cima ou por baixo da corda.

Variações
- Variar a posição de saque; por exemplo, lançar a bola por cima da cabeça com as duas mãos, demarcar uma área para o saque. (I)
- Depois de cada rebatida, trocar a posição dos jogadores. (II)
- Permitir passes entre jogadores do mesmo time. (III)

Jogos de rede e raquete orientados para as situações de jogo

| Reconhecer espaços | | | I |

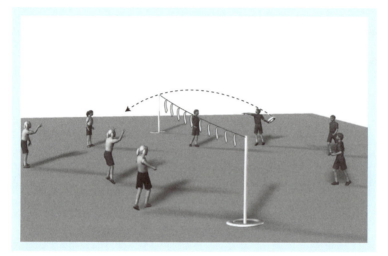

25

Jogo de tênis com discos

Dois times enfrentam-se em um campo dividido ao meio com uma corda alta e esticada. Os jogadores devem tentar lançar os discos no campo adversário. Quando estiverem com os discos em mãos não podem correr, sendo que a posição de apanhar o disco é a mesma de lançamento. Devem sempre lançá-lo de volta diretamente e sempre apanhá-lo com uma das mãos. O "saque" deve ser feito da linha de fundo do campo. Cada time começa com 30 pontos, e a cada erro é subtraído 1 ponto do time. Perde o time que ficar sem seus pontos primeiro.

Observações
- Colocar bandeirinhas na corda para melhor visualização.
- O time perde 1 ponto quando o jogador ficar mais de dois segundos com um disco na mão.

Variações
- Para diminuir o poder ofensivo dos jogadores, delimitar uma linha paralela à rede e distante dela, de modo que os jogadores só possam jogar o disco saltando atrás dessa linha. (II)
- Delimitar uma "janela" para que os discos sejam jogados com outra linha esticada ou com pequenas cordinhas cruzadas perpendicularmente. (II)
- Utilizar dois discos no jogo. (II)
- Utilizar bastões de ginástica para interceptar os discos. (II)

Reconhecer espaços — 101

> Reconhecer espaços | Criar superioridade numérica | | II

26

Jogo de *squash* acima e embaixo

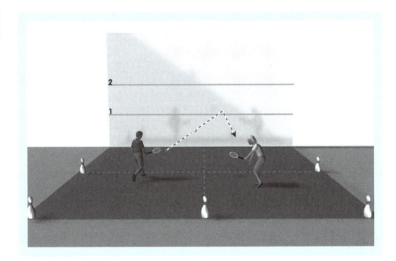

Dois jogadores enfrentam-se em um campo demarcado em frente a uma parede (dividida em três partes). Alternadamente, eles devem jogar a bola na parede, no mínimo, acima da primeira linha, de forma que o seu adversário não consiga rebater a bola de volta (1 ponto). As bolas lançadas entre a primeira e a segunda linha da parede devem tocar a zona da frente do campo adversário, e as bolas que forem rebatidas acima da segunda linha devem atingir a zona de trás do campo adversário. Qual jogador conseguirá fazer mais pontos em um determinado tempo de jogo?

Observações

- Caixas podem servir para delimitar a altura da primeira linha.
- Voleios não são permitidos.
- Cones podem ser usados para delimitar os campos.

Variações

- Tirar as demarcações de cada campo (zona anterior e posterior). (II)
- Colocar uma terceira linha na parede, demarcando mais uma zona acima da segunda linha. (II)
- Formar duplas para jogar. (III)
- Diminuir o tamanho da zona entre a primeira e a segunda linha. (III)

| 102 | Jogos de rede e raquete orientados para as situações de jogo |

| Reconhecer espaços | Criar superioridade numérica | | II |

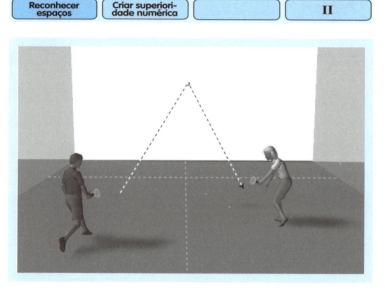

27

Vôlei com zonas proibidas

Dois jogadores posicionam-se em um campo demarcado em frente à parede, tendo de rebater a bola na parede em direção ao campo adversário. Há uma linha paralela à parede que delimita uma zona onde os jogadores não podem tocar ou jogar a bola. A bola precisa quicar uma vez no chão antes de ser rebatida. Qual jogador atingirá primeiro os 20 pontos?

Observações
- Fazer uma linha na parede para orientar as rebatidas, que devem acontecer acima dela.
- Determinar o tipo de rebatida conforme o uso ou não de raquetes (por exemplo, com as duas mãos por cima da cabeça e de costas).
- Determinar a posição e a sequência das rebatidas (por exemplo, conforme as regras do tênis de mesa).

Variações
- Trocar de mão após cada rebatida. (II)
- Após cada rebatida, o jogador deve tocar a zona da frente com um dos pés. (II)
- Diminuir o tamanho do campo e permitir somente rebatidas diretas. (II)
- Aumentar o número de jogadores. (II)

Reconhecer espaços — III

28
Queijo suíço

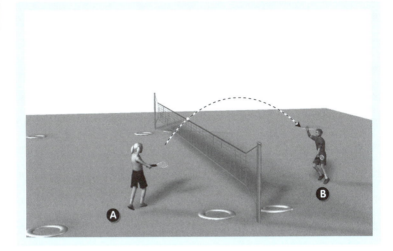

Nos quatro cantos de cada lado do campo são colocados arcos deitados, que servem como alvos. O jogador A deve rebater a bola direta ou indiretamente em direção ao alvo (1 ponto). O jogador B tenta impedi-lo sem tocar no arco, pegando a bola. A bola é recolocada em jogo sendo lançada da linha de fundo por cima da rede, que fica na altura na cabeça dos jogadores. A posição de apanhar é a mesma de rebater. Qual jogador chegará primeiro aos 20 pontos?

Observações
- Escolher a superfície das zonas, principalmente o tamanho do campo e a altura da rede, conforme o nível dos jogadores.
- Depois de cada rebatida, o jogador deve orientar-se para o meio da quadra.

Variações
- Trocar de raquete depois de cada rebatida. (II)
- Depois de cada rebatida, tocar com o pé uma das zonas-alvo. (II)
- Utilizar rebatidas diretas em campos menores. (II)

Christian Kröger / Daniel Memmert

Jogos de rede e raquete orientados para as capacidades

Introdução

Simbologia dos desenhos e formas de apresentação

Coleção de exercícios

Pressão de precisão
Pressão de complexidade
Pressão de organização
Pressão de variabilidade
Pressão de tempo
Pressão de carga

CAPÍTULO
4

Introdução

Os objetivos, conteúdos e métodos no desenvolvimento das capacidades na Escola da Bola para jogos de rede e raquete foram amplamente detalhados no Capítulo 2, onde foi descrita a fórmula metodológica básica: "habilidades simples com a bola + variabilidade + condicionantes de pressão". A base teórica envolvida nessa metodologia, bem como as consequências para a prática, foram detalhadamente descritas no plano de ensino da Escola da Bola formulado por Kröger e Roth (1999, p. 18-25 e p. 84). De forma geral, pode-se dizer que, no treinamento da coordenação, as habilidades com bola relevantes à área dos jogos de rede e raquete devem ser dominadas de forma segura pelo praticante. A Tabela 4.1 ilustra alguns movimentos de raquete simples, como o voleio e o *smash*. Porém, cuidado: os conselhos somente são válidos quando os pré-requisitos elementares das habilidades são cumpridos. Habilidades que não são dominadas de forma estável, quando executadas em situações de pressão, costumam frequentemente sair erradas. Apesar disso, para praticantes avançados é possível, sem problemas, integrar outras técnicas de rebater a bola (por exemplo: *top spin*, *slice*, *drop volley*) no programa coordenativo.

Metodologia do treinamento da coordenação

Cuidado!

A Tabela 4.1 a seguir mostra a avaliação dos peritos em relação aos condicionantes de pressão, que apresentam significado tanto para os esportes em geral como direcionam-se aos jogos esportivos específicos para o treinamento da coordenação nos jogos de rede e raquete.

Tabela 4.1: Opinião dos peritos em relação à sequência temporal e ao significado dos elementos coordenativos no processo de aprendizado

Condicionantes de pressão	Sequência temporal	Significado	Exercícios (Nr)
Precisão	2.5	1	1 até 5
Complexidade	2.8	4.3	6 até 10
Organização	3.3	4.5	11 até 15
Variabilidade	3.4	2.5	16 até 20
Tempo	4.2	4	21 até 23
Carga	5.0	4.8	24 até 26

Sequência e significado dos elementos coordenativos

Para uma interpretação geral da opinião dos especialistas, pode-se retomar a leitura do Capítulo 3. Os condicionantes de pressão devem ser apresentados no processo de treinamento em longo prazo, conforme a opinião dos especialistas, de forma tal que,

Sequência temporal dos elementos coordenativos

primeiramente, sejam ofereidos exercícios que apresentem pressão de "precisão" e "complexidade". Pelo contrário, o treinamento de pressão de "tempo" e de "carga" deve acontecer depois. Os valores dados a cada significado comprovam a decisão tomada no Capítulo 2: a sequência de exercícios deve, também, ter o elemento coordenativo "pressão de tempo".

Recomendações metodológicas

Devem ser mencionados, ainda, dois pontos: primeiro, é válido que todos os exercícios possam ser modificados a partir das variações, de forma que "pressão de variabilidade" e "pressão de carga" estejam presentes (ver Kröger e Roth, 1999, p. 142-146). Modificando as condições da situação, bem como agregando cargas físico--psíquicas, devem ser trabalhados todos os demais condicionantes de pressão. Em segundo lugar, a coleção de exercícios foi escolhida de forma tal que todas as tarefas coordenativas descritas possam ser modificadas na sua organização. Possíveis formas de variação a serem pensadas seriam, entre outras, tarefas em grupos, sequências de exercícios ou trabalhos em estações (circuitos). Basicamente, é importante não impor fronteiras à criatividade do professor, bem como não limitar a espontaneidade e as ideias das crianças, utilizando-as ao máximo. Os exercícios devem ser apresentados de forma variada para motivar e oferecer alegria em sua realização. Também podem ser utilizados como um programa de aquecimento ou como conteúdo principal de uma aula na escola ou no clube.

Formas de aplicação

Simbologia dos desenhos e formas de apresentação

Orientações para a sequência de exercícios

Os símbolos necessários para a descrição dos exercícios e tarefas estão resumidos na Figura 3.1. A apresentação dos exercícios segue a mesma amostra na Figura 3.2 (ver Capítulo 3). A descrição das tarefas encontra-se novamente acima, destacada em uma linha em azul. Análogo para sua função, como fora descrito na coleção de jogos, mostra-se qual dos seis elementos de pressão será desenvolvido (primeiro critério de ordenamento). A coleção de exercícios deste capítulo reúne, no mínimo, de três a cinco exemplos para cada categoria principal. Dentro desse grupo – como apresentado no Capítulo 3 –, o nível de dificuldade pode ser o segundo critério de ordenamento. A intensidade da cor mostra o valor da classe de exigência coordenativa à qual o exercício pertence.

108 Jogos de rede e raquete orientados para as capacidades

O decorrer do exercício é ilustrado por meio de uma sequência de fotos, e a sua descrição é caracterizada por um texto curto. A seguir, são colocadas indicações de organização e sugestões de variação das técnicas. O nível de complexidade de cada atividade é colocado novamente entre parênteses.

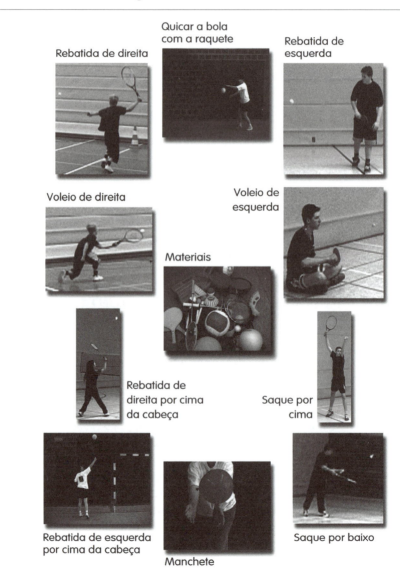

Figura 4.1: Habilidades básicas dos jogos de rede e raquete.

Pressão de precisão

Pressão de precisão — I

1

Vôlei com banco

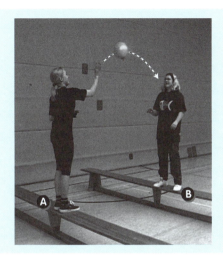

Os jogadores A e B posicionam-se frente a frente, cada um em cima de um banco sueco, onde vão trocar passes usando um balão.

Observações
- Permitir que os jogadores combinem um sinal para as jogadas.
- Aumentar a distância dos bancos gradativamente.

Variações
- Jogar o balão primeiro para o alto e, em seguida, rebater para o companheiro. (I)
- Utilizar raquetes e voleios para as trocas de passes. (II)
- Jogar com o banco sueco virado ao contrário; tomar cuidado com o perigo de quedas. (III)
- Variar a posição dos bancos; colocar, por exemplo, em forma de "tesoura". (II)

| Pressão de precisão | | | II |

2

Duas raquetes

Com uma raquete em cada mão, A e B têm a tarefa de rebater a bola de uma raquete para a outra.

- Tomar cuidado para não executar muitas repetições e sobrecarregar o pulso.

Observações

- Rebater a bola em movimento. (II)
- Alternar o lado da raquete para rebater a bola. (II)
- Utilizar exercícios adicionais, como alternar rebatidas altas e curtas, jogar as bolas com efeitos distintos (*top spin*, *slice*). (III)
- Deixar a bola tocar o solo depois de cada rebatida. (I)

Variações

Pressão de precisão

Pressão de precisão | | | **II**

3

Acertar o arco

Os jogadores A e B trocam passes "quicados" entre si. A cada passe, devem acertar o arco que se encontra no chão.

Observações
- Exigir contato de diferentes partes do antebraço ou punho.
- De preferência, começar com passes altos.
- Pode-se utilizar jornais como alvos.

Variações
- A bola deve ser jogada acima da cabeça. (III)
- Variar a distância entre os jogadores e o arco. (III)
- Variar o tamanho do arco. (III)
- Colocar o arco pendurado em uma corda entre A e B, para que os passes tenham que ser executados através dele (variar a altura do arco). (III)
- A e B posicionam-se de frente um para o outro e entre eles é demarcada uma área (quadrado) com cones. A bola deve tocar o chão dentro dessa área demarcada antes de cada contato dos jogadores. Usar o antebraço para rebater (ver as figuras pequenas). (III)

| Pressão de precisão | | | III |

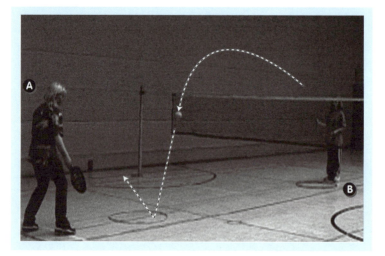

4

Bola no arco

A e B estão frente a frente separados por uma rede. À frente de cada um encontra-se um arco no chão. Os jogadores trocam passes por cima da rede, buscando sempre acertar o arco do campo adversário.

- Exigir contato de diferentes partes do antebraço ou punho.
- Prestar atenção à correta execução do movimento.
- De preferência, começar com passes altos.
- Pode-se utilizar jornais como alvos.

Observações

- Usar a mão não dominante. (III)
- Variar a distância entre os jogadores e o arco. (III)
- Variar o tamanho do arco ou do jornal. (III)

Variações

5

Rebater no solo

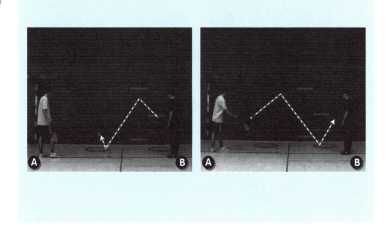

A e B ficam lado a lado junto à parede. À frente deles ficam dois arcos no chão. Os jogadores têm a tarefa de rebater a bola na parede e, em seguida, acertar o arco do companheiro.

Observações
- Prestar atenção à correta execução do movimento.
- De preferência, começar com passes altos.

Variações
- Variar a distância entre os jogadores e os arcos. (III)
- Variar a distância dos arcos em relação à parede. (III)
- Variar o tamanho dos arcos. (III)
- Fixar um arco na parede para que, a cada rebatida, a bola passe através dele. (III)

114 Jogos de rede e raquete orientados para as capacidades

| Pressão de complexidade | | | I |

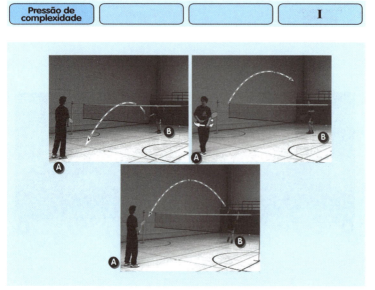

6

Bola quicando

A e B têm a tarefa de rebater a bola por cima de uma rede (de 1 m a 2 m de altura) para o campo adversário. Antes da rebatida, a bola deve quicar no chão, e após cada rebatida, o jogador deve realizar uma ação diferente (por exemplo, um giro de 360°).

- É necessário que a bola faça uma curva alta durante o exercício.   **Observações**

- Jogar com rebatidas de esquerda. (II)   **Variações**
- Usar a mão não dominante. (III)
- Variar as ações; por exemplo, girar 720°, apoiar-se no solo, bater palmas três vezes, executar giros para a direita e para a esquerda. (III)
- Manter outra bola no ar. (III)

Pressão de complexidade

7

Rebatida parede – cone

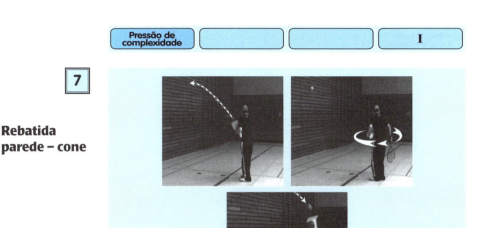

O jogador A rebate de direita a bola na parede, executa uma ação (por exemplo, um giro de 360°) e pega de novo a bola com um cone que está na sua outra mão.

Observações
- Prestar atenção à correta execução do movimento.
- De preferência, começar com rebatidas altas e mais leves (menos força).

Variações
- Variar a técnica de execução dos movimentos de rebatida; por exemplo, voleio de direita, voleio de esquerda e por cima da cabeça (*smash*). (II)
- Jogar bolas gradativamente mais rápidas. (II)
- Variar as ações realizando, por exemplo, giros e formas de saltos. (II)
- Após cada rebatida, trocar a raquete de mão. (II)

116 Jogos de rede e raquete orientados para as capacidades

| Pressão de complexidade | | | I |

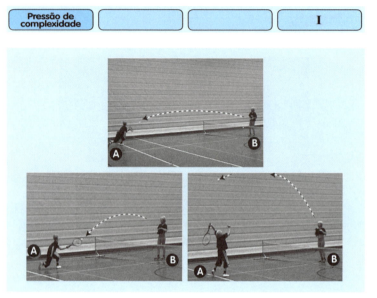

8

Ação tripla

Partindo da linha de fundo, A recebe três bolas em sequência para serem rebatidas. Primeiro de direita, depois de voleio e, finalmente, por cima da cabeça (*smash*).

• Prestar atenção à correta execução do movimento.   **Observações**
• B deve lançar as bolas usando uma raquete.

• Variar a técnica de execução dos movimentos de rebatida;   **Variações**
  por exemplo, voleio de direita, voleio de esquerda e por
  cima da cabeça (*smash*). (II)
• Jogar bolas gradativamente mais rápidas. (II)
• B joga as bolas com mais força. (II)
• Outras ações podem ser integradas. (II)

Pressão de complexidade

Pressão de complexidade — I

9

Alternando

Alternando entre direita e esquerda, A rebate a bola contra a parede.

Observações

- Prestar atenção à correta execução do movimento.
- De preferência, começar com rebatidas altas e mais leves (menos força).

Variações

- Variar a técnica de execução dos movimentos de rebatida, por exemplo, voleio de direita, voleio de esquerda e por cima da cabeça (*smash*). (II)
- Jogar bolas gradativamente mais rápidas. (II)

118 Jogos de rede e raquete orientados para as capacidades

Pressão de complexidade | | | I

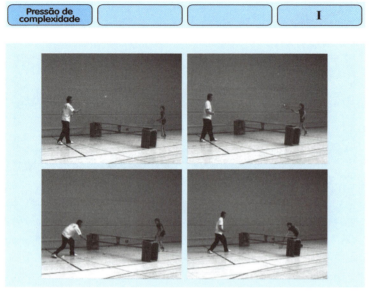

10

Por cima e por baixo

T joga bolas alternadamente por cima e por baixo de uma barreira (longo banco sobre duas caixas pequenas). Com uma raquete, o jogador A precisa devolver as bolas conforme elas chegam, rebatendo diretamente por cima do banco e por baixo, como se fosse hóquei.

Observações
- Dependendo do material da bola, deve-se ajustar a distância de A para a barreira.
- T deve prestar atenção à correta execução do movimento.
- T é substituído por E, que lança as bolas.
- O jogador E joga as bolas com uma raquete.

Variações
- Variar a técnica de execução dos movimentos de rebatida; por exemplo, voleio de direita, voleio de esquerda e por cima da cabeça (*smash*). (II)
- A cada rebatida de esquerda, trocar a raquete de mão. (II)

Pressão de organização

Bola-balão

Cada jogador possui um balão e uma bola de vôlei. O jogador A arremessa a bola de vôlei na parede, procurando, ao mesmo tempo, manter o balão no ar.

Observações
- Jogar o balão na frente do corpo.
- De preferência, começar com rebatidas altas e mais leves (menos força).
- Aumentar gradativamente a distância em relação à parede.

Variações
- Variar a técnica de execução dos movimentos de rebatida; por exemplo, voleio de direita, voleio de esquerda e por cima da cabeça. (II)
- Marcar um ponto-alvo na parede. (III)
- Controlar o balão com os pés ou com a cabeça. (III)
- Controlar o balão na lateral ou atrás do corpo. (III)
- Jogar a bola com os pés na parede. (III)

120 Jogos de rede e raquete orientados para as capacidades

Pressão de organização — I

12

Voleios na linha

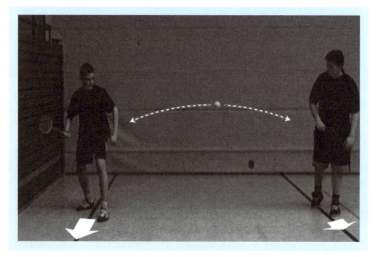

A e B têm a tarefa de trocar passes de direita e, ao mesmo tempo, correr sobre a linha demarcada no chão.

- Prestar atenção à correta execução do movimento.

Observações

- Variar a técnica de execução dos movimentos de rebatida; por exemplo, voleio de direita, voleio de esquerda e por cima da cabeça. (II)
- Usar a mão não dominante. (III)
- Ao sinal, A e B trocam de direção. (II)
- Aumentar a velocidade da corrida. (III)

Variações

Pressão de organização 121

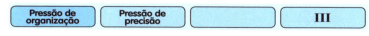

13

Troca de posição

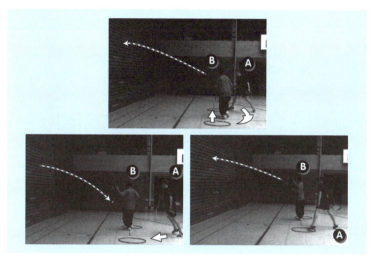

A e B encontram-se à frente da parede, com apenas um dos pés dentro de um arco. Ao sinal, o jogador A lança a bola da sua posição em direção à parede e, em seguida, troca de posição com o jogador B. Este, por sua vez, rebate a bola duas vezes consecutivas contra a parede. Em seguida, repete-se o processo, invertendo-se as funções.

Observações
- Prestar atenção à correta execução do movimento.
- A bola pode tocar o chão uma vez antes da jogada de volta.
- De preferência, começar com passes altos.

Variações
- Variar a técnica de execução dos movimentos de rebatida; por exemplo, voleio de direita, voleio de esquerda e por cima da cabeça. (III)
- Usar a mão não dominante. (III)
- Variar a distância entre jogadores e arcos. (III)

| Pressão de organização | | | III |

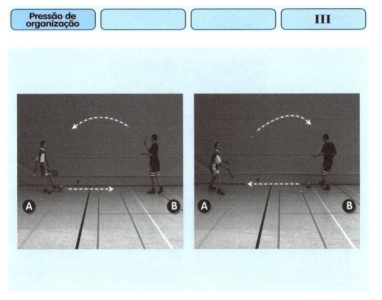

14

Pé e voleio

A e B têm a tarefa de trocar passes de direita com a raquete e, ao mesmo tempo, passes com o pé.

- Prestar atenção à correta execução do movimento.   **Observações**
- Combinar sinais para o passe das bolas.

- Variar a técnica de execução dos movimentos de rebatida;   **Variações**
  por exemplo, voleio de direita, voleio de esquerda e por cima da cabeça (*smash*). (II)
- Usar a mão não dominante. (III)
- Variar a distância entre A e B. (II)

Pressão de organização · III

15

Jogo de duas bolas

A e B enfrentam-se em campos separados por uma rede. Eles têm a tarefa de jogar duas bolas simultaneamente e paralelamente um para o outro.

Observações
- Prestar atenção à correta execução do movimento.
- De preferência, começar com passes altos.

Variações
- Variar a técnica de execução dos movimentos de rebatida; por exemplo, voleio de direita, voleio de esquerda e por cima da cabeça. (III)
- Variar a altura da rede. (III)
- Colocar à frente dos jogadores um arco, que deve ser acertado por eles com a bola. (III)
- Variar a distância entre A e B. (III)

124 — Jogos de rede e raquete orientados para as capacidades

| Pressão de variabilidade | Pressão de precisão | Pressão de organização | I |

16

Tênis no quadrado

Os jogadores movimentam-se na área delimitada (quadrado) quicando a bola na raquete, sem encostar um no outro.

- Todos devem ficar constantemente em movimento.

Observações

- Variar a altura do quique da bola. (I)
- Quicar a bola no chão. (I)
- Modificar o tamanho da área delimitada. (I)
- Ao sinal, mudar a direção. (II)
- Girar a "cabeça" da raquete após cada contato com a bola. (II)
- Ao sinal, jogar sentado ou deitado. (II)
- Trocar de mão após cada contato com a bola. (III)

Variações

Pressão de variabilidade

Pressão de variabilidade — **I**

17

Acertar o campo

T lança seis bolas, e o jogador A deve tentar acertar as duas áreas-alvo: a de trás e a da frente.

Observações
- Prestar atenção à correta execução do movimento.
- T é substituído por E, que lança as bolas.
- E lança as bolas com a raquete.

Variações
- Variar a técnica de execução dos movimentos de rebatida; por exemplo, rebatida de esquerda, voleio de direita, voleio de esquerda e por cima da cabeça (*smash*). (II)
- Estabelecer diversas áreas-alvo a serem atingidas. (II)
- Variar o tamanho das áreas-alvo. (II)
- T deve avisar com um movimento de mão aonde a bola deve ser jogada. (II)

126 Jogos de rede e raquete orientados para as capacidades

| Pressão de variabilidade | Pressão de precisão | Pressão de organização | II |

18

Dança da bola

Os jogadores devem percorrer um circuito com diferentes obstáculos e tarefas. Para isso, eles devem equilibrar a bola em sua raquete ou no antebraço.

- Inicialmente, a bola pode quicar no solo uma vez, após cada contato com a raquete ou antebraço.
- Materiais usados: arcos, minitrampolim, banco sueco, cones, caixas ou colchonetes.

Observações

- Variar a altura do quique da bola. (II)
- Permitir apenas uma jogada direta com a bola. (III)
- Colocar o braço que não está rebatendo a bola para trás do corpo. (III)
- Pular por cima dos obstáculos quando forem barreiras. (III)

Variações

Pressão de variabilidade 127

Pressão de variabilidade | **Pressão de precisão** | | III

19

Máquina de bola

T joga cinco bolas seguidas, cada uma de um tipo. O jogador A rebate as bolas tentando acertar uma determinada área-alvo.

Observações
- Prestar atenção à correta execução do movimento.
- Procurar, primeiramente, jogar bolas lentas.
- T é substituído por E, que lança as bolas.
- O jogador E lança as bolas com a raquete.

Variações
- Variar a técnica de execução dos movimentos de rebatida; por exemplo, voleio de direita, voleio de esquerda e por cima da cabeça. (III)
- Aumentar a velocidade do jogo gradativamente. (III)

| 128 | Jogos de rede e raquete orientados para as capacidades |

| Pressão de variabilidade | Pressão de complexidade | Pressão de precisão/ de tempo | III |

20

Entrega

A e B, assim como C e D, encontram-se nos seus respectivos campos de jogo, cada um com uma raquete. Depois de rebater de volta a bola, trocam de raquete com seus respectivos pares, C e D, que devem tentar manter a bola em jogo. Segue uma troca constante das raquetes entre os pares.

- As bolas podem, em um primeiro momento, tocar o chão.
- Estimular a comunicação entre os pares.
- Trabalhar com uma bola que tenha um bom quique.

Observações

- Aumentar o campo de jogo. (III)
- Variar a altura da rede. (III)
- Após cada troca de raquete, o jogador deve tocar uma determinada marca atrás, na linha de fundo. (III)

Variações

Pressão de tempo · II

21

Jogo do arco com balão

Os jogadores A e B ficam posicionados dentro de um arco. Cada um está de posse de um balão, que deve ser jogado para cima. Ao sinal, os jogadores devem trocar de lugar e continuar a jogar o balão para cima.

Observações

- De início, procurar jogar o balão bem alto.

Variações

- Os balões devem ser jogados com raquetes. (II)
- Variar a distância entre os jogadores e os arcos. (III)
- Incluir diferentes formas de bater as mãos durante as trocas. (III)
- Além do balão, A e B possuem mais uma bola. Depois de jogar o balão para o alto, eles devem passar a bola para o companheiro com o pé, para só então trocar de posição com o companheiro. (III)

22

Jogo das velas

O jogador tem a seguinte tarefa: bater no balão com a mão, para cima, o mais alto possível; depois, deixar sua área demarcada, tocar na parede e então voltar para a área, mantendo o balão ainda no ar.

Observações
- De início, procurar jogar em uma superfície grande com uma pequena distância até a parede.

Variações
- Utilizar raquetes para o jogo. (II)
- Variar a técnica de execução dos movimentos de rebatida; por exemplo, voleio de direita, voleio de esquerda e por cima da cabeça. (II)
- Exigir, como acréscimo de mais tarefas: giros, tocar uma linha, deitar de barriga, polichinelo etc. (III)
- Acrescentar dois balões. (III)

Pressão de tempo   131

| Pressão de tempo | Pressão de complexidade | | III |

23

Direita e esquerda

O jogador A começa rebatendo a bola na parede com a mão direita; em seguida, troca a raquete para a mão esquerda, alternando sempre as rebatidas.

Observações

- Prestar atenção à correta execução do movimento.
- De preferência, começar com rebatidas altas e mais leves (menos força).

Variações

- Variar a técnica de execução dos movimentos de rebatida; por exemplo, voleio de direita, voleio de esquerda e por cima da cabeça (*smash*). (II)
- Variar a distância do jogador em relação à parede. (II)
- Jogar gradativamente mais rápido. (III)

132 Jogos de rede e raquete orientados para as capacidades

| Pressão de carga | Pressão de precisão | Pressão de tempo | I |

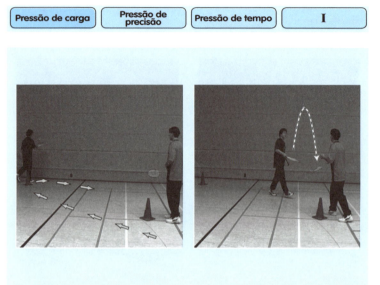

24

Estafeta com o parceiro
(Zanziger-Kurz, 2000)

A e B correm o mais rápido possível, revezando no exercício de carregar a bola quicando-a na raquete. Eles devem contornar o cone que está à frente, voltar e passar a bola para o companheiro, que deve dar sequência à atividade e fazer o mesmo percurso, rebatendo a bola sem parar. Qual jogador conseguirá fazer mais voltas em três minutos?

Observações

- A cada erro, o jogador deve voltar para o início.
- Permitir que os jogadores combinem um sinal para troca.

Variações

- Quicar a bola contra o solo. (I)
- Equilibrar a bola na raquete. (I)
- Variar a distância do cone para A e B. (I)
- Variar o tempo de jogo. (II)
- O jogador que fica na fila esperando deve executar um exercício adicional como, por exemplo, tocar uma linha, apoiar-se no solo, realizar saltos em distância. (II)

Pressão de carga 133

| Pressão de carga | Pressão de tempo | Pressão de organização | I |

25

Percurso com obstáculos

Os jogadores devem passar pelo percurso com obstáculos o mais rápido possível, quicando a bola no solo com a raquete. Qual jogador o fará mais vezes em três minutos?

Observações
- Adicionar diferentes obstáculos para subir e se equilibrar.
- A cada erro, o jogador deve voltar para o início.

Variações
- Segurar a bola no alto com a raquete. (I)
- Variar o tempo de jogo. (II)
- Determinar antes o número de contatos que a bola vai ter com o solo durante a corrida. (II)
- Variar os tipos de deslocamentos; por exemplo, com uma perna só, de costas, com passos cruzados. (II)
- Aumentar a distância entre os obstáculos, mantendo o mesmo tempo de jogo. (III)

| Pressão de carga | Pressão de tempo | Pressão de precisão | I |

26

Biathlon

Temos um circuito para que os jogadores percorram. O circuito contém uma estação de *slalom*, uma de tiro ao alvo e uma de "prenda". Na primeira, o jogador deve conduzir a bola quicando-a no solo por entre os obstáculos. Chegando na estação de tiro, o jogador deve lançar um dado e rebater a bola no número correspondente na parede, onde estão colchonetes enumerados. O jogador que errar deverá pagar uma "prenda". Deverá percorrer a estação da "prenda", que fica no centro do circuito. Ali ele deverá, ao mesmo tempo, correr em círculo e equilibrar a bola na raquete. Qual jogador conseguirá percorrer 10 voltas primeiro?

- Variar a técnica de tiro, por exemplo, rebater com a mão etc. (II)
- Variar o tamanho dos alvos. (II)
- Variar as "prendas", por exemplo, duas prendas, apoio no solo etc. (II)

Variações

Christian Kröger / Daniel Memmert

Jogos de rede e raquete orientados para as habilidades

Introdução

Coleção de exercícios

Determinar o momento da rebatida
Determinar o tempo e o percurso da bola
Controle dos ângulos
Controle da força
Estar preparado
Manter os olhos na bola
Antecipar a direção e a distância do passe
Observar os deslocamentos
Antecipar a posição defensiva

CAPÍTULO 5

Introdução

Os objetivos, conteúdos e métodos do desenvolvimento das habilidades na Escola da Bola para jogos de rede e raquete foram amplamente descritos no Capítulo 2. No âmbito dessa explicação e a partir do nível de conhecimento que se tem da área, com base na opinião de peritos em jogos de rede e raquete, serão descritas na Tabela 5.1 os nove elementos técnicos orientados para esse tipo de modalidade.

Tabela 5.1: opinião dos peritos em relação à sequência temporal e o significado dos elementos técnicos no processo de aprendizado

Sequência e significado do elemento técnico

Elemento técnico	Sequência temporal	Significado	Formas de exercício (Nr)
Determinar o momento da rebatida	2.7	2.3	1 até 4
Determinar o percurso e o tempo da bola	3.4	3.5	5 até 7
Controle dos ângulos	3.6	1.8	8 até 11
Controle da força	4.5	5.5	12 até 15
Estar preparado	4.5	6.5	16 até 19
Manter os olhos na bola	5.2	5.5	20 até 23
Antecipar a direção e a distância do passe	5.3	3	24 e 27
Observar os deslocamentos	7.6	7	28 e 29
Antecipar a posição defensiva	7.9	9	30

Por um lado, os especialistas recomendam que nos jogos de rede e raquete sejam primeiramente desenvolvidas e exercitadas as possibilidades de superar três elementos técnicos: "Determinar o momento da rebatida", "determinar o percurso e o tempo da bola" e "controle dos ângulos". Em fases posteriores da formação, poderão, então, ser desenvolvidas e integradas as habilidades técnicas de observação de deslocamento e antecipação da posição defensiva. A Tabela 5.1 demonstra que, pelo valor outorgado ao significado dos elementos técnicos "controle dos ângulos", "determinar o momento da rebatida", "antecipar a direção e a distância do passe" e "determinar o percurso e o tempo da bola", esses elementos devem ser exercitados em maior quantidade de atividades.

Sequência temporal dos elementos técnicos

Neste momento, podem ser lembradas as recomendações feitas nos Capítulos 3 e 4. A coleção de exercícios deste capítulo será dividida e apresentada como no capítulo anterior (ver Figuras 3.1 e 3.2). O critério principal é o ordenamento da atividade em um dos elementos técnicos, seguido do nível de complexidade (nível de dificuldade). Para o desenvolvimento de cada elemento técnico sugerem-se de um a quatro exemplos de exercícios.

Indicações metodológicas + indicador da coleção de exercícios

Determinar o momento da rebatida 137

Determinar o momento da rebatida | | | I

1

Ténis de mesa
no chão

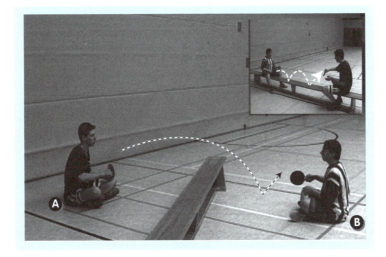

A e B jogam ténis de mesa entre si, sentados no chão, com um banco sueco como rede.

Observações
- A bola pode tocar o chão antes de cada rebatida.
- A e B também podem jogar de pé, utilizando dois bancos suecos como rede.

Variações
- Usar a mão não dominante. (III)
- Alternar rebatidas de direita e de esquerda. (III)
- A e B sentam no banco e jogam sobre ele. (III) (ver a figura pequena).
- Variar a distância entre A e B. (III)

| Determinar o momento da rebatida | | | I |

2

Treinando o goleiro (Zanziger-Kurz, 2000)

O jogador A fica junto à parede e observa B, que fica a cerca de 2 m de distância. B deve lançar bolas para A rebater de voleio de direita.

- A parede serve para impedir o movimento amplo de rebatida.
- A "cabeça" da raquete deve ficar na altura da cabeça do jogador.
- B deve lançar bolas para A na altura dos ombros.
- Tomar cuidado para não sobrecarregar o pulso com muitas repetições.

Observações

- Usar a mão não dominante. (II)
- Alternar rebatidas de direita e de esquerda. (II)
- Variar a distância entre A e B. (II)
- B joga bolas para A dar rebatidas baixas. (III)

Variações

Determinar o momento da rebatida 139

Determinar o momento da rebatida | Estar preparado | | II

3

Rebatidas por cima da cabeça

O jogador A segura a raquete com a mão dominante e, com a mão contrária, deve pegar as bolas que T jogar para o alto. Essa ação deve acontecer acima da altura da cabeça.

Observações

- A mão que está com a raquete faz o movimento, preparando a rebatida por cima da cabeça (*smash*).
- O braço que pega a bola deve estar totalmente estendido.
- T deve lançar bolas altas.
- T é substituído por E, que lança as bolas.
- O jogador E joga as bolas com uma raquete.

Variações

- Alternar a mão que rebate a bola. (II)
- O jogador A tenta jogar as bolas por cima da rede (variar a altura da rede). (II)
- Passar bolas cada vez mais fortes. (III)
- O jogador A tenta acertar a bola no ponto mais alto possível (ver a figura pequena). (III)
- O jogador A tenta acertar uma determinada área rebatendo por cima da rede (variar o tamanho da área). (III)
- O jogador A varia a posição de apanhar a bola; por exemplo, ao lado do corpo ou atrás. (III)

| Determinar o momento da rebatida | | | II |

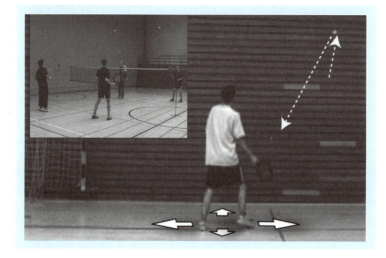

4

Voleio

O jogador A tenta executar o maior número possível de voleios contra a parede.

- Tomar cuidado para não executar muitas repetições e sobrecarregar o pulso.
- Prestar atenção à correta execução do movimento.

Observações

- A bola pode, também, tocar o chão antes de cada rebatida. (I)
- Variar a distância de A para a parede. (III)
- Alternar rebatidas de direita e de esquerda. (III)
- Utilizar diferentes tipos de bolas. (III)
- A e B jogam entre si bolas diretas por cima da rede (ver a figura pequena). (III)

Variações

Determinar o percurso e o tempo da bola 141

Percurso e tempo da bola — **I**

5

"Manter a água limpa"

T joga as bolas por cima da rede e A tenta apanhá-las com a mão, antes que caiam no chão.

Observações
- T aumenta gradativamente a frequência de lançamentos das bolas, especialmente por cima da cabeça de A.
- T é substituído por E, que lança as bolas.
- O jogador E joga as bolas com uma raquete.

Variações
- O jogador A tenta apanhar as bolas com cones. (II)
- Usar a mão não dominante. (I)
- A e E, com cones, alternam as funções de lançar e apanhar as bolas. (I)
- O jogador A tenta apanhar as bolas com a raquete. (III)
- T joga bolas curtas e longas para A e B, que devem ser apanhadas com a mão ou com a raquete. (II)
- A e B orientam-se por chamados para saber quem vai correr para a bola. (II)

142   Jogos de rede e raquete orientados para as habilidades

| Percurso e tempo da bola | | | I |

6

Bolas curtas e longas

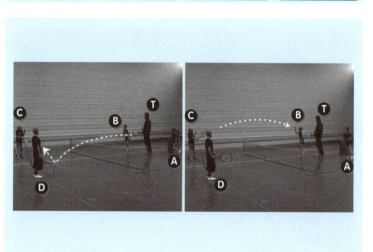

T posiciona-se atrás de A e B (que não possuem raquetes) e joga para C e D bolas curtas e longas, respectivamente. C e D rebatem as bolas com suas raquetes para que A e B tentem agarrá-las.

- Todas as bolas são rebatidas de voleio.
- T é substituído por E, que lança as bolas.
- O jogador E joga as bolas com uma raquete.

Observações

- Os jogadores A e B tentam apanhar as bolas com cones. (I)
- Todos devem utilizar a mão não dominante. (II)
- T aumenta gradativamente a frequência de lançamentos das bolas, especialmente por cima da cabeça de C e D. (III)

Variações

Determinar o percurso e o tempo da bola   143

Percurso e tempo da bola — **II**

7

Corrida para cabecear

T joga a bola em diferentes direções sobre a rede. Partindo do meio da quadra, o jogador A deve correr para tentar cabecear a bola antes que ela toque o chão.

Observações
- As bolas serão jogadas, inicialmente, muito altas.
- Utilizam-se bolas de espuma ou bolas leves (para não machucar).
- T troca de função com E.
- O jogador E joga a bola utilizando a raquete.

Variações
- O jogador A cabeceia a bola de forma a pegá-la depois. (III)
- O jogador A também tem uma raquete na mão e procura cabecear a bola de modo que possa rebatê-la para um local determinado. (III)
- O jogador A procura cabecear a bola de modo a acertar diferentes objetivos, previamente marcados no campo. (III)

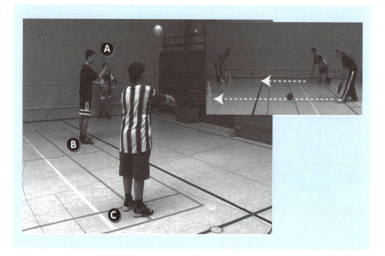

8

Abridor de caixas

Caixas sem tampas são colocadas, à frente da parede. A, B e C tentam acertar as bolas dentro das caixas usando raquetes ou as mãos.

Observações
- As bolas podem tocar o chão antes de cada rebatida.
- A bola deve ser jogada de baixo para cima.
- O jogador deve aproveitar o movimento em toda sua amplitude.
- A bola pode ou não tocar a parede antes de acertar o alvo.

Variações
- Variar a altura das caixas. (I)
- Variar a distância entre as caixas. (II)
- Variar a distância da parede em relação às caixas. (II)
- A e B ficam junto aos seus respectivos cones. Com um taco de hóquei, cada um deve tentar rebater a bola e acertar o cone do adversário (Zanziger-Kurz, 2000) (ver a figura pequena). (II)
- Dois pontos podem ser somados quando a bola jogada pelo jogador A não acertar o alvo, e o jogador B, ainda com a bola rolando, rebatê-la e acertar o cone do seu parceiro. (II)

Controle dos ângulos

I

9

Jogo no corredor

A e B jogam a bola entre si, por cima da rede, em um determinado corredor.

Observações
- A bola deve ser jogada de baixo para cima.
- A bola pode tocar o chão antes de cada rebatida.

Variações
- Jogar com rebatidas de direita e de esquerda. (I)
- Variar o tamanho dos corredores. (I)
- Os corredores são alternados e colocados em diagonal um em relação ao outro. (I)
- O jogador A joga bolas altas e B responde com rebatidas por cima da cabeça. (II)
- Determinar números para os corredores. Antes ou durante a jogada, T chama cada corredor por seu respectivo número. (III)

146 Jogos de rede e raquete orientados para as habilidades

| Controle dos ângulos | | | I |

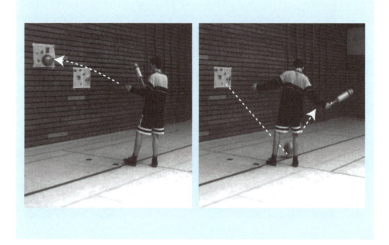

10

Acertar os jornais

O jogador A deve tentar acertar com a bola um jornal preso à parede. Após cada acerto, o jornal deve ser dividido pela metade.

- A bola deve ser jogada de baixo para cima.
- A bola pode tocar o chão antes de cada rebatida.

Observações

- Variar o ângulo de rebatida em relação ao jornal. (II)
- Variar a distância para o jornal. (II)
- Variar o ângulo de rebatida em relação ao jornal. (II)
- Variar as técnicas de rebatida; por exemplo, rebatida de esquerda, voleio de direita, voleio de esquerda ou por cima da cabeça. (III)

Variações

Controle dos ângulos 147

11

Passe de sinuca

É colocado um arco no chão, à frente da parede. O jogador A posiciona-se ao lado e tenta lançar bolas com uma raquete ou com as mãos, para que batam na parede e acertem o arco. B, por sua vez, deve apanhar as bolas e dirigir-se para o lugar de A, onde reiniciará a jogada seguinte.

Observações

- As bolas devem ser jogadas de baixo para cima.

Variações

- Variar a distância de A em relação à parede. (II)
- Variar a distância de A em relação ao arco. (II)
- Variar o ângulo de ação de A em relação ao arco e à parede. (II)
- Um arco adicional é preso na parede, onde a bola deve ser jogada primeiramente. (II)
- O exercício é executado no canto de duas paredes. A bola deve tocar as duas paredes antes de acertar o arco que está no chão. (III)

Jogos de rede e raquete orientados para as habilidades

| Controle da força | Controle dos ângulos | | I |

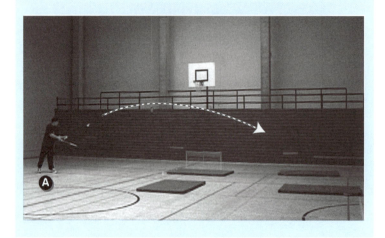

12

Jogo de golfe

Pequenos colchonetes são espalhados pelo chão. O jogador A deve tentar acertar seus alvos.

Observações
- Colocar os colchonetes em diferentes distâncias de A, levando em consideração o nível de força de cada idade.
- A bola deve ser jogada de baixo para cima.
- A bola pode tocar o chão antes de cada rebatida.

Variações
- Jogar com rebatidas de direita e de esquerda. (I)
- Variar a distância entre os colchonetes. (I)
- Variar as áreas-alvo utilizando, por exemplo, cestas de basquete e pequenas caixas viradas.
- Variar o ângulo de ação da rebatida em relação aos colchonetes. (II)
- Enumerar os colchonetes para que sejam atingidos em uma determinada ordem. (II)
- Jogar as bolas com os olhos fechados, orientando-se por T. (III)

Controle da força

13

Prática de badminton

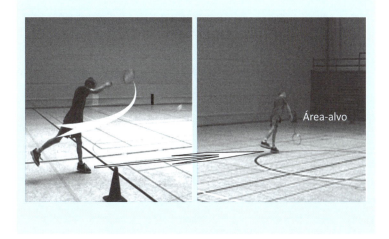

Área-alvo

O jogador A tenta alcançar a área-alvo com o menor número possível de rebatidas.

Observações
- A distância do jogador A para a área-alvo deve ser ajustada conforme sua idade. Devem ser feitas no mínimo quatro rebatidas até atingir o alvo.
- O lugar em que a bola acertar será a nova posição de rebatida.
- Não estipular uma área-alvo muito pequena.
- No caso de muitas crianças jogarem juntas, atentar para os aspectos de segurança.

Variações
- Variar a técnica de execução dos movimentos de rebatida; por exemplo, rebatida de esquerda, de voleio e por cima da cabeça. (I)
- Utilizar peteca. (I)
- Acrescentar um balão e mantê-lo no ar. (I)
- O jogador A tenta predeterminar o número de rebatidas que irá fazer até chegar à área-alvo. (I)

150 Jogos de rede e raquete orientados para as habilidades

Controle da força | | | I

14

Equilibrando a bola

Os jogadores devem tentar equilibrar a bola com uma raquete ou com uma capa de raquete, ou com a própria palma da mão.

- Alternar rebatidas altas e baixas.
- Tomar cuidado para não executar muitas repetições e sobrecarregar o pulso.

- Usar a mão não dominante. (II)
- Alternar rebatidas de direita e de esquerda. (II)
- Variar a posição de jogo; por exemplo, sentado, deitado ou com uma perna só. (III)
- Alternar a altura da bola, deixando-a tocar o teto e, depois, só a 10 cm de altura. (III)

Observações

Variações

Controle da força 151

| Controle da força | Controle dos ângulos | Direção e distância do passe | II |

15

Bola com impulso

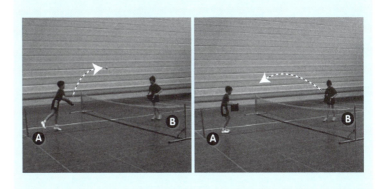

A e B jogam entre si, impulsionando a bola por cima da rede com um instrumento feito de pano (firme) e madeira. A bola pode tocar uma vez o solo após cada rebatida.

Observações
- Conforme o voo da bola, varia a técnica da jogada; por exemplo, por cima da mão ou por baixo da mão.
- Para um melhor controle da bola, aproveitar o movimento em toda sua amplitude.
- Pode-se utilizar, também, toalhas de rosto como instrumento de jogo.
- No início, utilizar bolas pequenas e pesadas.

Variações
- Em times maiores, realizar passes. (II)
- Em um campo menor, realizar rebatidas diretas. (III)

152 Jogos de rede e raquete orientados para as habilidades

16

Voleio ao fundo

A posiciona-se, primeiramente, no meio da linha de fundo, em direção à rede. B lança seis bolas, alternando para rebatidas de direita e esquerda. O jogador A deve tentar rebater as bolas de voleio por cima da rede.

- B deve lançar as bolas da forma mais constante possível e, de preferência, não muito no fundo.
- B deve lançar a bola e, depois, rebatê-la com a raquete para seu companheiro.

Observações

- As seis bolas devem ser jogadas aleatoriamente para as rebatidas de direita e esquerda. (II)
- O jogador A tenta rebater a bola por cima da rede e acertar uma determinada área (variar o tamanho da área-alvo). (III)
- B também joga bolas mais ao fundo. (III)

Variações

Estar preparado II

17

Corrida para rebater

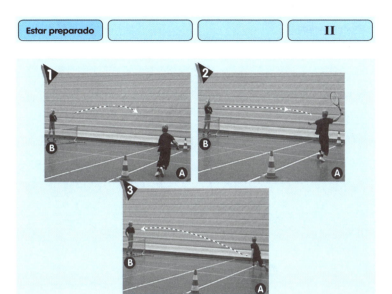

O jogador A fica junto ao cone na linha de fundo. B lança bolas do outro lado da quadra. O jogador A tem a tarefa de correr ao encontro da bola e rebatê-la de direita, por cima da rede.

Observações

- B joga as bolas da forma mais constante possível, junto à linha de fundo.
- B deve lançar bolas que sejam difíceis para A rebater.
- O jogador A deve se preparar antecipadamente para as rebatidas.

Variações

- B também joga bolas com a raquete. (III)
- Variar as técnicas de rebatida; por exemplo, rebatida de esquerda, de voleio ou por cima da cabeça. (III)
- Deve-se tentar jogar a bola por cima da rede em uma determinada área-alvo (variar tamanho do campo). (III)

154 Jogos de rede e raquete orientados para as habilidades

| Estar preparado | | | II |

18

Jogo da neblina

Usando uma toalha ou lençol como rede, de forma que atrapalhe a visão dos jogadores, T lança bolas de um lado do campo em direção ao outro lado, aumentando a frequência gradativamente. O jogador A tem a tarefa de apanhar as bolas com um cone.

- A rede deve estar a cerca de 2 m de altura.
- O jogador A deve partir sempre do meio da quadra.
- T é substituído por E, que lança as bolas.
- O jogador E joga as bolas com uma raquete.

Observações

- Com a raquete, A deve tentar fazer voleios por cima da rede. (III)
- O jogador A tenta rebater as bolas por cima da rede e acertar uma determinada área-alvo (variar o tamanho da área-alvo). (III)
- O jogador A deve dominar a bola, primeiramente jogando-a para o alto e, depois, rebatendo para o outro lado. (III)

Variações

Estar preparado II

19

Balão expresso

A, B, C, e D posicionam-se nas pontas de um quadrado. E fica no centro com um balão nas mãos. Ele chama por um dos companheiros (B, por exemplo), joga o balão para o ar e corre para trocar de posição com o jogador correspondente. Deve-se executar a troca sem que o balão toque o chão.

Observações
- A comunicação entre os jogadores é importante.
- Respeitar a ordem de chamada e rebatida.

Variações
- Bater palmas durante a troca de posições. (II)
- Posicionar três jogadores em um triângulo. (II)
- Colocar duas pessoas no centro do quadrado e manter dois balões no ar. (III)

156 Jogos de rede e raquete orientados para as habilidades

Manter os olhos na bola | | | I

20

Corrida sobre a linha

Os jogadores devem correr pelas linhas da quadra e manter uma bola quicando sobre a raquete.

Observações
- Não é permitido caminhar. Os jogadores devem estar constantemente correndo.

Variações
- Usar a mão não dominante. (II)
- Ao sinal de T, os jogadores devem mudar de direção. (II)
- Os jogadores devem quicar a bola no chão. (II)
- Quando os jogadores se encontrarem, devem cumprimentar-se utilizando a mão livre. (III)
- Os jogadores devem correr o mais rápido possível. (III)

Manter os olhos na bola | | | I

21

Curta e longa

A e B posicionam-se perpendicularmente à rede em um dos lados da quadra, trocando passes entre si. C fica do outro lado da rede. A e B têm a tarefa de lançar as bolas em direção a C. O jogador A lança bolas curtas, e B lança bolas longas, enquanto C deve tentar apanhá-las.

Observações
- C deve partir sempre do meio da quadra.
- A e B utilizam raquetes para jogar.

Variações
- O jogador A joga sempre bolas curtas e baixas, e B, sempre bolas longas e altas. (II)
- C utiliza a mão não dominante. (II)
- C tenta apanhar as bolas com um cone. (II)
- C tenta rebater as bolas de volta com uma raquete. (III)
- C tenta rebater as bolas de volta por cima da rede e acertar uma determinada área-alvo (variar o tamanho da área-alvo). (III)

158 Jogos de rede e raquete orientados para as habilidades

| Manter os olhos na bola | Direção e distância do passe | | I |

22

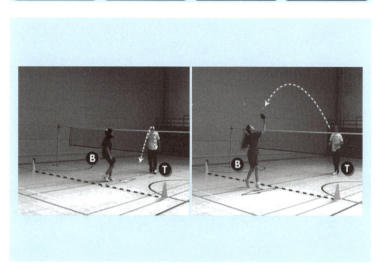

À frente ou atrás

T lança bolas sobre a rede, em direção à linha em que B está posicionado. Caso a bola caia atrás da linha, B deve tentar apanhá-la com a mão livre. Caso não caia, B deve rebater a bola de voleio.

- T lança as bolas com uma raquete.

Observações

- B varia a posição sobre a linha; por exemplo, fica perpendicular a ela. (II)
- Variar a altura da rede. (II)
- B posiciona-se no meio de quatro campos. Cada um deles exige um tipo diferente de rebatida. (III)

Variações

Manter os olhos na bola — 159

23

Leitura das bolas

O jogador A lança bolas por cima da rede escolhendo entre as zonas 1 e 2. B e C posicionam-se em um ponto de intersecção entre as zonas 1 e 2. Antes que a bola atravesse a rede por cima, B e C, em suas posições, devem "ler" a trajetória da bola e identificar onde ela cairá. Para isso, devem se posicionar na zona correspondente.

Observações
- O jogador A lança as bolas com uma raquete.

Variações
- Quem chegar primeiro perto da bola deve apanhá-la com a raquete. (II)
- Quem chegar primeiro perto da bola deve rebatê-la com a raquete por cima da rede. (II)
- Variar a altura da rede. (II)
- Acrescentar alvos na metade da quadra de A para que B e C possam acertá-los. (III)
- Acrescentar maior número de zonas; por exemplo, quatro zonas. (III)

160 Jogos de rede e raquete orientados para as habilidades

(Direção e distân-) (Determinar o mo-) (   ) (**I**)
(cia do passe   ) (mento da rebatida)

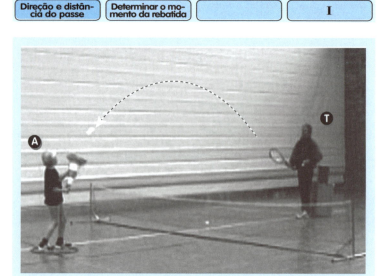

24

Apanhar as bolas com o cone

T lança as bolas por cima da rede. O jogador A deve tentar apanhá-las com um cone sem sair do arco em que está posicionado.

- T é substituído por E, que lança as bolas.
- O jogador E joga as bolas com uma raquete.

Observações

- A e B, cada um com um cone, apanham e lançam as bolas alternadamente. (I)
- Utilizar diferentes bolas. (I)
- O jogador A tenta apanhar as bolas com a raquete. (III)

Variações

Antecipar a direção e a distância do passe 161

25

Apanhar o peixe 1

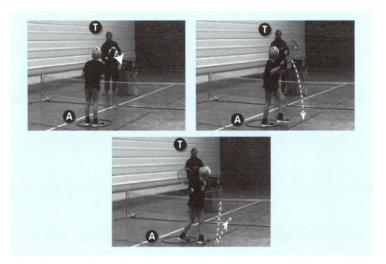

T lança bolas por cima da rede. O jogador A, dentro do seu arco, deve rebater as bolas depois que elas quicarem uma vez no chão.

Observações
- T é substituído por E, que lança as bolas.
- O jogador E joga as bolas com uma raquete.

Variações
- A e B tentam trocar passes entre si. (III)
- Variar a altura da rede. (III)
- Alternar rebatidas de direita e de esquerda. (III)
- Forma de competição: O jogador A joga contra B em um campo estreito. (III)
- Alvos são colocados ao lado de T/E para serem acertados por A. (III)

162 Jogos de rede e raquete orientados para as habilidades

| Direção e distân- | Determinar o mo- | | II |
| cia do passe | mento da rebatida | | |

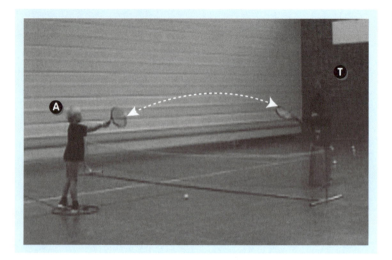

26

Apanhar o peixe 2

T lança bolas por cima da rede. O jogador A, com um pé ou os dois dentro de um arco, sem deixá-lo, deve rebater as bolas diretamente por cima da rede.

- T pode variar a força, a altura e a direção dos lançamentos.
- A pode rebater as bolas de direita, de esquerda e por cima da cabeça.
- T delega tarefas para E.
- O jogador E joga as bolas com uma raquete.

Observações

- Variar a altura da rede. (II)
- Variar a distância entre T e A. (III)
- A deve jogar as bolas para o alto a fim de rebatê-las depois. (III)
- Alvos, zonas ou áreas são colocados ao lado de T/E, e devem ser acertados por A. (III)
- Alternar rebatidas de direita e de esquerda. (III)

Variações

Antecipar a direção e a distância do passe 163

| Direção e distância do passe | Manter os olhos na bola | | II |

27

Peixe no arco

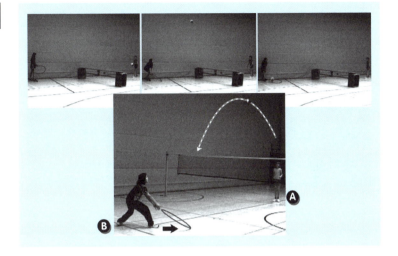

A e B enfrentam-se. O jogador A lança uma bola alta. Quando ela atingir seu ponto máximo de altura, B deve colocar o arco no chão, antecipando onde ela cairá.

Observações
- O jogador A joga as bolas com uma raquete.
- O jogador A precisa jogar sempre bolas altas.

Variações
- A joga bolas por cima de uma rede alta. (II)
- Variar a altura da rede. (II) (ver a figura pequena)
- A lança bolas com maior frequência. (III)
- Depois que a bola quicar dentro do arco, B deve rebatê-la de volta com uma raquete. (III)
- Alvos são colocados ao lado de A para serem acertados por B. (III)

| 164 | Jogos de rede e raquete orientados para as habilidades |

| Observar os deslocamentos | Antecipar a posição defensiva | | II |

28

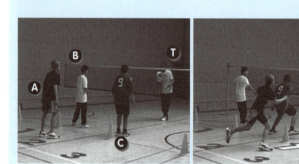

Observar a barreira de defesa

T lança a bola para cima. Em seguida, B e C, que estão posicionados sobre a linha entre as áreas 1, 2 e 3, devem escolher uma área para ficar. T joga a bola na área que ficou livre. O jogador A, que está atrás de B e C, deve tentar apanhar a bola.

- T é substituído por E.
- O jogador E joga as bolas com uma raquete.
- Com base na movimentação de B e C, o jogador A tenta utilizar o campo que ficará livre.

- O jogador A tenta apanhar a bola com um cone. (II)
- O jogador A tenta rebater a bola por cima da rede e acertar uma determinada área-alvo. (III)

Observações

Variações

Observar os deslocamentos

29

Os jogadores deslocam-se sobre as linhas de um lado da quadra, quicando a bola no chão com uma raquete. Por sua vez, C corre sobre as linhas do outro lado do campo, podendo variar a sua direção. Assim, os demais jogadores devem imitá-lo o mais depressa possível.

Observações
- No início, não exigir rapidez para os movimentos.
- Exigir criatividade nas ações.

Variações
- Variar a distância entre os jogadores. (III)
- O jogador A varia suas jogadas com a bola (manter a bola quicando na raquete, quicar no chão etc.). B observa e copia a tarefa de A. (III)
- Os jogadores trocam de função após um minuto. (III)

166 Jogos de rede e raquete orientados para as habilidades

| Antecipar a posição defensiva | | | II |

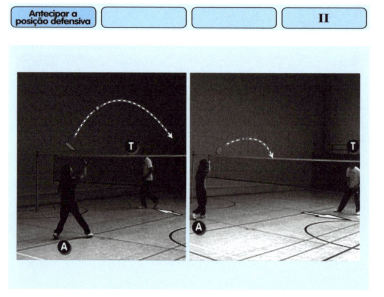

30

Jogada antecipada

T joga bolas por cima da rede para A. Em seguida, corre para o seu lado esquerdo. O jogador A, então, deve antecipar a jogada e rebater a bola para o outro lado.

- T é substituído por E.
- E joga as bolas com uma raquete.

Observações

- O jogador A lança uma bola para si mesmo e grita ao mesmo tempo para seus companheiros se virarem. B ou C viram-se logo em seguida. Então, A precisa rebater a bola na área do jogador que não se virou. (II)
- T ou B variam suas posições o mais tarde possível. (III)
- Variar as técnicas de rebatida; por exemplo, rebatida de esquerda, de voleio, ou por cima da cabeça. (III)
- Acrescentar alvos do outro lado da rede para que A os acerte. (III)
- Aquele que teve a bola lançada na sua posição deve alcançá-la e rebatê-la de volta. (III)

Variações

**Escola da Bola de Heidelberg:
a Instituição**

Materiais para rebater

Referências

Agradecimentos

ANEXOS

Escola da Bola de Heidelberg: a Instituição

A aplicação prática do Modelo de Aprendizagem Implícita por meio do Jogo (MAIJ) e, particularmente, do conceito da Escola da Bola nos dois primeiros níveis é conduzida pelo Instituto de Esportes e Ciências do Esporte (ISSW) da Universidade de Heidelberg (HD), sendo permanentemente avaliada e reformulada conforme seu andamento, de forma a comprovar seus efeitos. Em setembro de 1988, cooperaram pela primeira vez o clube "Freien Turner Kirchheim" e escolas de ensino infantil e médio. Atualmente, vários clubes e escolas dos arredores de Heidelberg, na forma de grupos de trabalho, escolinhas ou aulas extraclasse, têm se juntado a nossa proposta (ver Tabela A). Até hoje, são aproximadamente 450 crianças participando, e este número cresce a cada dia.

Tabela A: Locais da Escola da Bola de Heidelberg (HD = Heidelberg)

Cidade / Bairro	Escola / Clube	Ano de Início	Grupos (esportes)
Kirchheim/HD	FT Kirchheim	1998	handebol, futebol
Neuenheim/HD	FT Kirchheim	1999	handebol, futebol
Weststadt/HD	Escola Pestalozzi	2000	-
Östringen	TSV Östringen	2000	handebol, *badminton*
Neuenheim/HD	Escola Tiefburg	2001	-
Sandhausen	SC Sandhausen	2001	handebol
Koblenz	TV Güls	2001	punhobol, vôlei, handebol, basquete, tênis de mesa, *badminton*
Handschuhsheim/HD	TSV Handschuhsheim DJK/FC	2001	handebol, tênis, futebol (m/f), rúgbi, vôlei
Ziegelhausen	Ziegelhausen-Peterstal	2001	futebol, vôlei, handebol, basquetebol, tênis, tênis de mesa, *badminton*

Uma parceria plena da Escola da Bola como ponto de partida de um processo de formação de talentos só pode ser totalmente produtiva quando o clube trabalha com diferentes modalidades esportivas. Somente nesse caso pode ser obtida uma transferência, sem traumas da formação e do desenvolvimento dos "multitalentos", para as modalidades específicas da instituição.

Organização

A Escola da Bola inicia seu programa com duas semanas de curso gratuito, para que as crianças apreciem a proposta e se sintam à vontade. No grupo-alvo estão as crianças de 5 a 8 anos (meninos e meninas) que, além de talento, tenham interesse e vontade de brincar. Logo após as duas semanas de "teste", podem ser incluídos no programa e continuar participando, se assim desejarem. O "jogar

Escola da Bola de Heidelberg: a Instituição

e exercitar" ocorre duas vezes por semana, geralmente à tarde, com sessões de uma hora. Na Escola da Bola, em princípio, se tem a prerrogativa de participar de três anos no programa, no qual, após o programa geral, seguindo o Modelo de Aprendizagem Implícita por meio do Jogo, e do início na modalidade do direcionamento para os esportes, são oferecidas as atividades específicas para as grandes áreas, conforme o plano geral de ensino-aprendizagem da Escola da Bola. Os conteúdos a serem desenvolvidos nas aulas se encontram no plano geral dos programas da Escola da Bola Geral, da Escola da Bola para jogos de rede e raquete e da Escola da Bola para jogos de chute e arremesso. No final do processo da Escola da Bola, os professores fazem recomendações para a prática de um grupo de modalidades.

Executando/ Finalizando

Os monitores que trabalham no projeto estão integrados em uma equipe ampla e multidisciplinar (médico, monitor, coordenador, tesoureiro), que é responsável pela organização. O financiamento é realizado, geralmente, por meio dos aportes dos participantes. O valor mensal vai de 7,50 a 12,50 euros. Em alguns casos, o valor pode ser reduzido (por exemplo, crianças em risco social ou de famílias de baixa renda). A esse valor se agrega o custo da mensalidade do clube (por exemplo, no FT Kirchhei: 2,25 euros por mês). Deve ser enfatizado que o projeto Escola da Bola não tem fins comerciais. Toda a renda é direcionada à instituição. O projeto Escola da Bola conta com patrocinadores locais e regionais, e pode, dessa forma, cobrir os custos.

Pesquisa

Paralelamente ao tempo de jogo e às atividades, são realizadas avaliações contínuas do resultado para o controle do avanço na aprendizagem, assim como para o diagnóstico de talentos. A verificação da melhora do desempenho da criança ocorre no contexto das olimpíadas da Escola da Bola. No momento, está sendo desenvolvido um grande projeto de pesquisa com o modelo da Escola da Bola, voltado para jogos esportivos específicos direcionados para jovens (futebol, handebol e hóquei), que tem como objetivo comparar a aquisição da inteligência de jogo e a criatividade entre esses grupos.

Contato e Informações

Prof. Dr. Klaus Roth/ Prof. Dr. Daniel Memmert
Institut für Sport und Sportwissenchaft
Universität Heidelberg
Im Neuenheimer Feld 700
69120 Heidelberg
Telefone: (06221) 54-4642
Site: http://www.ballschule.de

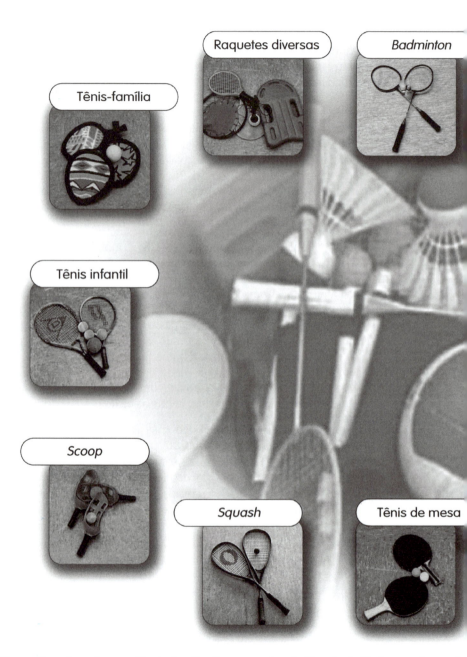

Como fora descrito nos Capítulos 2 e 3, o conceito de Escola da Bola para jogos de rede e raquete se orienta, particularmente, pela ideia de ofertar uma rica e variada formação para superar desafios táticos, coordenativos e técnicos. Isso significa que

Materiais para rebater 171

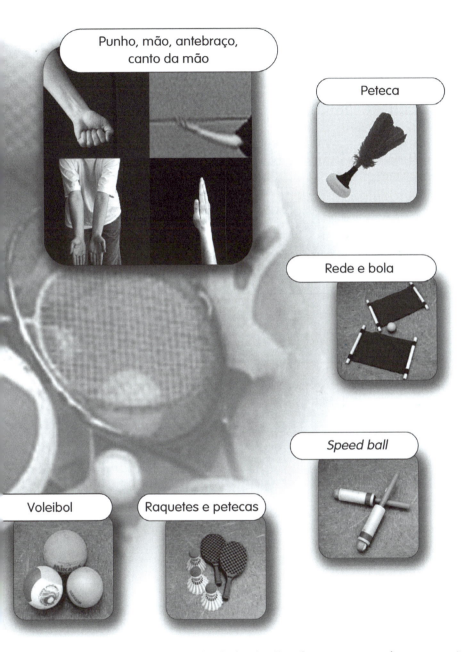

Os jogos e exercícios propostos nos Capítulos 3 a 5 podem ser executados com a mão ou com as diferentes raquetes aqui apresentadas, sempre que possível.

Referências

Adolph, H. & Hönl, M. (1998). *Integrative Sportspielvermittlung.* Kassel: Universität- Gesamthochschule.

Baumann, K. (1989). Torschussspiele (Hockey/Fußball). *sportunterricht, 38*, 401–406.

Behrends, G. (1983). Zum Problem der Vermittlung von „Spielfähigkeit". In O. Gruppe, H. Gabler & U. Göhner (ed.), *Spiel, Spiele, Spielen* (p. 258–259). Schorndorf: Hofmann.

Berry, D.C. & Broadbent, D. E. (1988). Interactive tasks and the implicit-explicit distinction. *British Journal of Psychology*, 79, 251–272.

Bremer, D. (1981a). ...und ein Modell für die Sportspiele. In D. Bremer, J. Pfister & P. Weinberg (ed..), *Gemeinsame Strukturen großer Sportspiele* (p. 57–103). Wuppertal: Putty.

Bremer, D. (1981b). ...und ein Ausblick auf die Rückschlagspiele. In D. Bremer, J. Pfister & P. Weinberg (ed.), *Gemeinsame Strukturen großer Sportspiele* (p. 103–124). Wuppertal: Putty.

Bremer, D., Pfister, J. & Weinberg, P. (1981) (ed.). *Gemeinsame Strukturen großer Sportspiele*. Wuppertal: Putty.

Buchner, A. (1993). *Implizites Lernen*. Weinheim: Psychologie-Verlags-Union.

Bunker, D. & Thorpe, R. (1982). A model for the teaching of games in secondary schools. *Bulletin of Physical Education*, 18, 1, 5–8.

Chandler, T. J. L. & Mitchell, S.A. (1990). Reflections on models of games education. *Journal of Education, Recreation and Dance*, *61*, 6, 19–21.

Cropley, A. (1995). Kreativität. In M. Amelang (ed.), *Verhaltens- und Leistungsunterschiede. Themenbereich C. Serie VIII, Bd. 2* (p. 329–373). Göttingen: Hogrefe.

Curtner-Smith, M. D. (1996). Teaching games for understanding – using games invention with elementary children. *Journal of Physical Education, Recreation and Dance*, *67*, 3, 33–37.

Czwalina, C. (1984). Spielidee und Grundsituationen von Sportspielen. *Sportpädagogik*, *9*, 22–25.

Dietrich, K. (1984a). Spiele im Sportunterricht. *Sportpädagogik*, *8*, 17–18.

Dietrich, K. (1984b). Vermitteln Spielreihen Spielfähigkeit? *Sportpädagogik*, *8*, 19–21.

Döbler, H. (1964). Die Systematik der Spiele als Grundlage einer vergleichenden sportpädagogischen Betrachtung. *Theorie und Praxis der Körperkultur*, *13*, 217–231.

Duell, H. (1989). Wurfspiele – Integrative Sportspielvermittlung in der Praxis. *sportunterricht*, *38*, 394–400.

Ellis, M. (1983). *Similarities and Differences in Games: A System for Classification.* Vortrag AIESEP-Konferenz. Roma: AIESEP.

Fensky, W. (1989). Integrative Vermittlung von Spielfähigkeit in den Rückschlagspielen. *sportunterricht*, *38*, 407–410.

French, K. E., Werner, P. H., Rink, J. E., Taylor, K. & Hussey, K. (1996). The effects of a 3-week unit of tactical, skill, or combined tactical and skill instruction on badminton performance of ninth-grade students. *Journal of Teaching in Physical Education*, *15*, 418–438.

French, K. E., Werner, P. H., Rink, J. E., Taylor, K., Hussey, K. & Jones, J. (1996). The effects of a 6-week unit of tactical, skill, or combined tactical and skill instruction on badminton performance of ninth-grade students. *Journal of Teaching in Physical Education*, *15*, 439–463.

Gabriel, T. & Maxwell, T. (1995). Direct versus indirect methods of squash instruction. *Research Quarterly for Exercise and Sport*, *66*, A–63.

Galperin, P. J. (1973). Die Psychologie des Denkens und die Lehre von der etappenweisen Ausbildung geistiger Handlungen. In E.A. Budilowa (ed.), *Untersuchungen des Denkens in der sowjetischen Psychologie* (p. 81–119). Berlin: Volk und Wissen.

Gloy, A. (1999). Volleyball in der Schule. In T. Riecke-Baulecke (Hrsg.), Entdeckungsreisen im Schulsport: *Lehrwege für den Unterricht* (p. 173-187). Braunschweig: Westermann.

Graham, K. C., Ellis, S. D., Williams, D. C., Kwak, E. C. & Werner, P. H. (1996). High- and low-skilled target student's academic achievement and instructional performance in a 6-week badminton unit. *Journal of Teaching in Physical Education*, *15*, 477–489.

Griffin, L. (1996). Tactical approaches to teaching games – improving net/wall game performance. *Journal of Physical Education, Recreation and Dance*, 67, 2, 34–37.

Griffin, L. A., Mitchell, S. A. & Oslin, J. L. (1997). *Teaching Sport Concepts and Skills: A Tactical Games Approach*. Champaign: Human Kinetics.

Griffin, L. A., Oslin, J. L. & Mitchel, S. A. (1995). An analysis of two instructional approaches to teaching net games. *Research Quarterly for Exercise and Sport*, 66, (Suppl.), A–64.

Guilford, J. P. (1967). The Nature of the Human Intelligence. New York: McGraw Hill.

Hagedorn, G. (1988). Spielfähigkeit: eine erlernte Begabung? In G. Hagedorn & U. Meseck (Red.), *Spielfähigkeit – allgemeine und spezielle Spielfähigkeit für Sportspiele* (S.13–26). Paderborn: LSB-NRW.

Hamsen, G., Greco, P. & Samulski, D. (2000). *Biografien hochkreativer brasilianischer und deutscher Sportspieler*. (Texto ainda não publicado). Heidelberg: ISSW.

Hillmann, W. & Keimer, U. (1994). *Spielgemäße Einführung des Mini-Hockey*. Hürth: Deutscher-Hockey-Bund.

Hirtz, P. (1985). Koordinative Fähigkeiten im Schulsport. Berlin: Sportverlag.

Hobusch, P. & Kirchgässner, H. (1997). Zu ausgewählten theoretischen Positionen einer Theorie der Rückschlagspiele unter besonderer Beachtung des Spielsituationstrainings. In B. Hoffmann. & P. Koch (ed.), *Integrative Aspekte in Theorie und Praxis der Rückschlagspiele* (S. 9–23). Hamburg: Czwalina.

Hoffmann, B. & Koch, P. (ed.) (1997). *Integrative Aspekte in Theorie und Praxis der Rückschlagspiele*. Hamburg: Czwalina.

Hoffmann, J. (1993). *Vorhersage und Erkenntnis*. Göttingen: Hogrefe.

Hossner, E. J. (1997). Der Rückschlagbaukasten: ein integratives Konzept für das Techniktraining. In B. Hoffmann. & P. Koch (eds.), *Integrative Aspekte in Theorie und Praxis der Rückschlagspiele* (S. 25–39). Hamburg: Czwalina.

Hossner, E. J. (2000). Principles to know on nodals points. *The Coach – the Official FIVB Magazine for Volleyball Coaches*, 1, 6-11.

Hossner, E. J. & Roth, K. (2002 i. Dr.). Sportspiele vermitteln. In J. Schwier, N. Gissel & K. Ferger (ed.), *Sportspiele – vermitteln, trainieren, erleben.* Hamburg: Czwalina.

Johnson, D.M. (1972). *Systematic Introduction to the Psychology of Thinking.* New York: Harper & Row.

Koch, P. (1997). Sportartübergreifende Ausbildung spezifischer koordinativer Fähigkeiten in den Individual-Rückschlagspielen. In B. Hoffmann. & P. Koch (ed.), *Integrative Aspekte in Theorie und Praxis der Rückschlagspiele* (p. 147–159). Hamburg: Czwalina.

Kollath, E. & Maier, P. (1997). Kinematisch-dynamische Analysen der Laufbewegung in den Rückschlagspielen Tennis, Badminton und Squash. In B. Hoffmann. & P. Koch (ed.), Integrative Aspekte in Theorie und Praxis der Rückschlagspiele (p. 41–51). Hamburg: Czwalina.

Kortmann, O. & Hossner, E.J. (1995). Ein Baukasten mit Volleyball-Steinen – Belastung im Volleyball und ein modulares Konzept des Techniktrainings. In F. Dannenmann (Red.), *Belastung im Volleyball* (p. 53–72). Bremen: DVV.

Kröger, Ch. & Roth, K. (1999). *Ballschule: Ein ABC für Spielanfänger.* Schorndorf: Hofmann.

Kröner, S. (1982). Rückschlagspiele. *Sportpädagogik, 6,* 7–14.

Kursawe, H. G. & Pflugradt, M. (1986). Vom Basisspiel zum Sportspiel. Grundsätzliche Überlegungen und ein praktischer Vorschlag. *sportunterricht (Lehrhilfen), 35,* 113–117.

Loibl, J. (1991). Erfahrungsorientiertes Lehren und Lernen im Sportspiel. In S. Redl, R. Sobotka & A. Russ (ed.), *Sport an der Wende* (p. 191–199). Wien: Österreichischer Bundesverlag.

Loibl, J. (1994). Genetisches Lehren und Lernen im Sportspiel aus wahrnehmungstheoretischer Sicht. In G. Hagedorn & N. Heymen (ed.), *Sportspiele – Konstanz und Wandel* (p. 57–69). Hamburg: Czwalina.

Loibl, J. (2001). *Basketball – Genetisches Lehren und Lernen: spielen, erfinden, erleben, verstehen.* Schorndorf: Hofmann.

Martin, D., Carl, K. & Lehnertz, K. (1991). *Handbuch Trainingslehre*. Schorndorf: Hofmann.

Martin, D., Nicolaus, J., Ostrowski, Ch. & Rost, K. (1999). *Handbuch Kinder - und Jugendtraining*. Schorndorf: Hofmann.

Mathews, R. C., Buss, R. R., Stanley, W. B., Blanchard-Fields, F., Cho, J. R. & Druhan, B. (1989). Role of implicit and explicit processes in learning from examples: a synergistic effect. *Journal of Experimental Psychology: Learning, Memory and Cognition, 15*, 6, 1083–1100.

Mauldon, E. & Redfern, H. B. (1981). *Games Teaching: An Approach to the Primary School*. Estover: Mac Donald and Evans.

McPherson, S. & French, K. (1991). Changes in cognitive strategy and motor skill in tennis. *Journal of Sport & Exercise Psychology, 13*, 26–41.

Medler, M. & Schuster, A. (1996). *Ballspielen. Ein integrativer Ansatz für die Grundschule, Orientierungsstufe*, Sportverein. Neumünster: Sportbuch.

Meis, H. & Schaller, B. (2001). *Von der Hand zum Racket*. Stuttgart: MKS.

Memmert, D. & Roth, K. (2001). *Befragung zur rückschlagspielbezogenen Bedeutung der Taktikbausteine, Koordinationsbausteine und Technikbausteine des MSIL*. (Dados ainda não publicados.) Heidelberg: ISSW.

Memmert, D. (2001). *Identification of Non-Specific Basic Tactics in Ball Games*. (Dados ainda não publicados.) Heidelberg: ISSW.

Memmert, D. (2002). Ballschule Rückschlagspiele: Inhalte, Methoden und Praxisbeispiele. In K. Bös & A. Woll (Hrsg.). *„Miteinander lernen, forschen, spielen" – Zukunftsperspektiven im Tennis*. Hamburg: Czwalina.

Mitchell, S. A., Griffin, L. & Oslin, J. L. (1995). An analysis of two instructional approaches to teaching invasion games. *Research Quarterly for Exercise and Sport, 66*, (Suppl.), A–65.

Müller, B. (1995). *Ball-Grundschule*. Dortmund: Borgmann.

Nabbelfeld, R. (1987). Schulgemäßes Konzept zum Erlernen des Volleyballspiels über Situationsreihen. *sportunterricht (Lehrhilfen), 36*, 113–120.

Nagel, V. (1997). Ein Konzept sportspielübergreifender Vermittlung. In E. J. Hossner & K. Roth (Hrsg.), *Sport-Spiel-Forschung – zwischen Trainerbank und Lehrstuhl* (p. 220–222). Hamburg: Czwalina.

Nagel, V., Gloy, A. & Kleipoedszus, A. (1997). Zwischen den Spielen: Sportartübergreifende Handlungsmuster spielerisch provozieren. In E. J. Hossner & K. Roth (Hrsg.), *Sport-Spiel-Forschung – zwischen Trainerbank und Lehrstuhl* (p. 202–205). Hamburg: Czwalina.

Neumaier, A. & Mechling, H. (1995). Taugt das Konzept koordinativer Fähigkeiten als Grundlage für sportartspezifisches Koordinationstraining? In P. Blaser, K. Witte & Ch. Stucke (ed.), *Steuer- und Regelvorgänge der menschlichen Motorik* (p. 207–212). St. Augustin: Academia.

Oppermann, H. P., Schubert, R. & Ehret, A. (1997). *Handballspielen mit Schülern*. Münster: Philippka.

Oslin, J. L., Mitchell, S. A. & Griffin, L. L. (1998). The game performance assessment instrument (GPAI): development and preliminary validation. *Journal of Teaching in Physical Education, 17*, 231–243.

Pfister, W. (1981). ... und ein Diskussionsprozess. In D. Bremer, J. Pfister & P. Weinberg (ed.), *Gemeinsame Strukturen großer Sportspiele* (p. 11–25). Wuppertal: Putty.

Raab, M. & Gwodz, G. (1997). Zum Training konvergenter und divergenter taktischer Problemlösungen im Volleyball – eine Pilotstudie. In E.J. Hossner & K. Roth (ed.), *Sport-Spiel-Forschung – zwischen Trainerbank und Lehrstuhl* (p. 83–84). Ahrensburg: Czwalina.

Raab, M. (2000). *SMART: Techniken des Taktiktrainings – Taktiken des Techniktrainings*. (Dissertação não publicada.) Heidelberg: ISSW.

Reber, A. S. (1989). Implicit learning and tacit knowledge. *Journal of Experimental Psychology: General, 118*, 219–235.

Rink, J. E., French, K. E. & Tjeerdsma, B. L. (1996). Foundations for the learning and instruction of sport and games. *Journal of Teaching in Physical Education, 15*, 4, 399–417.

Roth, K., Raab, M. & Greco, P. (2000). *Das Modell der inzidentellen Inkubation: eine Überprüfung der Kreativitätsentwicklung brasilianischer und deutscher Sportspieler*. (Ainda não publicado.) Heidelberg: ISSW.

Sahre, E. & Pommerening, G. (1995). *Basketball und Streetball*. Reinbek: Rowohlt.

Sahre, E. & Raab, M. (1997). Zum Training konvergenter taktischer Problemlösungen im Basketball – Labor-, Feld- und Trainingsexperimente. In E. J. Hossner & K. Roth (ed.), *Sport-Spiel-Forschung – zwischen Trainerbank und Lehrstuhl* (S. 81–83). Hamburg: Czwalina.

Schaefer, C. & Anastasi, A. (1968). A biografical inventory for identifying creativity in adolescent boys. *Journal of Applied Psychology*, *52*, 42–48.

Schmidt, W. (1994). Kinder werden trainiert, bevor sie selbst spielen können. *fußballtraining*, *13*, 3–14.

Schmidt, W. (2002 i. Dr.). *Fußball – spielen, erleben, verstehen*. Schorndorf: Hofmann.

Schneider, H. (1997). Koordinativen Fähigkeiten im Tennis und Möglichkeiten ihrer Verbesserung und Schulung. In B. Hoffmann & P. Koch (ed.), *Integrative Aspekte in Theorie und Praxis der Rückschlagspiele* (p. 103–107). Hamburg: Czwalina.

Schock, K. (1997). Das integrative Lehrkonzept „Rückschlagspiele" an der Universität Bielefeld. In B. Hoffmann & P. Koch (ed.), *Integrative Aspekte in Theorie und Praxis der Rückschlagspiele* (p. 161–171). Hamburg: Czwalina.

Simonton, D.K. (1977). Creative productivity age and stress: a biografical-series of 10 classical composers. *Journal of Personality and Social Psychology*, 35, 791–804.

Sternberg, R. J. & Lubart, T. I. (1995). *Defying the Crowd*. New York: Free Press.

Thorpe, R., Bunker, D. & Almond, L. (1986). *Rethinking Games Teaching*. Loughborough: University of Technology.

Turner, A. & Martinek, T. J. (1992). A comparative analysis of two models for teaching games. *International Journal of Physical Education*, *XXIX*, 131–152.

Turner, A. & Martinek, T. J. (1995). *An Investigation into Teaching Games for Understanding: Effects on Skill, Knowledge and Game Play*. San Francisco: AERA.

Vary, P. (Red.) (1996). *Basisspiel- und Basisübungsformen für Basketball, Handball, Hockey und Volleyball*. Schorndorf: Hofmann.

Wagenschein, M. (1991). *Verstehen lehren*. Weinheim/Basel: Beltz.

Weineck, J. (2000). *Optimales Training*. Erlangen: spitta.

Werner, P. & Almond, L. (1990). Models of games education. *Journal of Physical Education, Recreation and Dance*, *61*, 4, 23–27.

Werner, P., Thorpe, R. & Bunker, D. (1996). Teaching games for understanding – evolution of a model. *Journal of Physical Education, Recreation and Dance*, *67*, 1, 28–33.

Willimczik, K. (1995). Die Davidsbündler – zum Gegenstand der Sportwissenschaft. In H. Digel (ed.), *Sportwissenschaft heute – eine Gegenstandsbestimmung* (S. 39–59). Darmstadt: WB-TH.

Wittgenstein, L. (1960). *Philosophische Untersuchungen. Schriften, Band 1*. Frankfurt: Akademie.

Württembergischer Tennisbund (ed.) (1990). *Kleinfeld-Tennis*. Stuttgart: WTB.

Zanzinger-Kurz, U. (2000). Tennisspezifische Spiel- und Übungsformen in einer 5. Klasse. *Unterrichtsbeispiele für den Schulsport Heft 22*. Deutscher Sportlehrerverband: Mössingen.

Agradecimentos

Agradecemos à Hauptschule Flintbek e à TUS Nortorf pela produção das fotos, em 2001. Agradecemos também ao Senhor Ronald Jacobsen pelo empenho em ajudar a Escola da Bola.

Classe 8

Agradecimentos 181

Classe 5

Grupo de tênis infantil

Sobre o Livro
Formato: 15 x 21 cm
Mancha: 13 x 17,8 cm
Papel: Offset 90g
nº páginas: 184
1ª edição: 2017

Equipe de Realização
Assistência editorial
Liris Tribuzzi

Assessoria editorial
Maria Apparecida F. M. Bussolotti

Edição de texto
Gerson Silva (Supervisão de revisão)
Fernando Penteado (Preparação do original e copidesque)
Iolanda Dias e Lucas Cartaxo (Revisão)

Editoração eletrônica
Vanessa Dal Rovere, Évelin Kovaliauskas Custódia (Diagramação e adaptação do projeto gráfico original)
Évelin Kovaliauskas Custódia (Capa)

Fotografia
Von den Verfassen (Fotos de miolo)

Impressão
Gráfica Santa Marta